让孩子们心动的故事

Small growth big power

小成长
大力量

燕子 主编

哈尔滨工业大学出版社
HARBIN INSTITUTE OF TECHNOLOGY PRESS

图书在版编目(CIP)数据

小成长大力量 / 燕子主编. — 哈尔滨：哈尔滨工业大学出版社，2016.1
（让孩子们心动的故事）
ISBN 978-7-5603-5401-9

Ⅰ.①小… Ⅱ.①燕… Ⅲ.①童话－作品集－世界 Ⅳ.①I18

中国版本图书馆 CIP 数据核字（2015）第 114400 号

让孩子们心动的故事

小成长大力量

策划编辑	甄淼淼
责任编辑	苗金英
文字编辑	葛文婷　苗　青
装帧设计	麦田图文
美术设计	Suvi zhao　蓝图
出版发行	哈尔滨工业大学出版社
社　　址	哈尔滨市南岗区复华四道街 10 号　邮编 150006
传　　真	0451-86414749
网　　址	http://hitpress.hit.edu.cn
印　　刷	牡丹江邮电印务有限公司
开　　本	889mm×1194mm 1/32　印张 5　字数 60 千字
版　　次	2016 年 1 月第 1 版　2016 年 1 月第 1 次印刷
书　　号	ISBN 978-7-5603-5401-9
定　　价	16.80 元

（如因印装质量问题影响阅读，我社负责调换）

前言

嘿，亲爱的你，最近心情怎么样？晴空万里，还是阴云密布？或许你到了有"心事"的年龄了，让我猜猜，都有哪些烦心事呢？

是不是你被家长或者老师说，不合群、不愿与人分享、不爱思考、不愿和人交往、不相信他人、做事情拖拉、不注意安全、不守信用、不自信等。

嘿，别担心，快翻开这本让无数孩子心动的故事书，神奇的魔力会让懒惰变勤奋、说谎变诚实、懦弱变勇敢、哭泣变微笑……

嘿，成长就是这样，笑对生活，学会分享，让烦恼消失，让快乐回来！

- 猫和愿望井 22
- 猴子和狐狸 6
- 谁的本领大 36
- 画眉嘴国王 50
- 小蝌蚪找妈妈 66
- 蓝灯 74
- 一个豆荚里的五颗豆 86
- 小老鼠照哈哈镜 98
- 没有尾巴的小鸡 28
- 跛脚的孩子 58
- 丑小鸭变成白天鹅 42
- 骆驼和小马 14

目录

- 狐狸分肉 108
- 狐狸和乌鸦 116
- 刻舟求剑 124
- 井底之蛙 130
- 小壁虎借尾巴 142
- 小猫钓鱼 150
- 青蛙搬家 156

Contents

猴子和狐狸

从前,有一只猴子,他的名字叫聪聪。聪聪十分机灵,遇到问题既不害怕,也不慌张,总能想出解决问题的办法。他十分擅长跳跃,能够轻松地从一棵树跳到另一棵树上。

不过,聪聪有个缺点,当他听到赞扬的话时,就会变得骄傲起来,并做出一些很愚蠢的举动。

狐狸佳佳早就把猴子聪聪看透了,他暗暗地想:"猴子聪聪的头脑真是太简单了,有这样一个愚蠢的朋友,我真高兴。"

一天,狐狸佳佳对猴子聪聪说:"亲爱的朋友,今天天气真好,你愿意和我一起出去玩吗?"

"当然愿意,我已经很久没出门了。"猴子聪聪回答说。

"那么,我们现在就走吧。"狐狸佳佳说。

狐狸佳佳和猴子聪聪走了很远的路,来到了一个村庄。他们一会儿看看这里,一会儿又看看那里,似乎对村庄里的一切都充满了好奇。

这时,空气中飘来了一股浓浓的烤栗子味儿。

"聪聪,你闻到什么特别的味道了吗?"佳佳问。

"我好像闻到了一股烤栗子味儿,也不知道这味道是从哪里传出来的。"聪聪回答说。

"要是你

对这股烤栗子味儿感兴趣,我十分愿意和你一起去看看这味道到底来自哪里。"佳佳说。

他们发现味道是从一间草房里散发出来的,他们在草房外面观察了好久,当他们确信草房里没有人时,才放心地走了进去。

进屋后,他们看到在房屋中间的火炉下面煨着许多栗子,栗子散发出诱人的香味。佳佳和聪聪望着栗子,口水都要流出来了,可他们又不能去取栗子,害怕被炉子里的火烫到手。

狐狸佳佳暗暗地想:"我到底怎么做才能把栗子取出来呢?对了,聪聪不是在我旁边吗?我可以让聪聪帮我把栗子取出来。他最喜欢听到别人对他的赞美了,当他听到别人对他的赞美时就会不顾一切,我完全可以利用他这个缺点。"

佳佳眼珠一转,想到了一个办法。

"聪聪,我的朋友,你一定想不到吧,我对你有多么钦佩,每当看到你轻而易举地从树

上摘下果子，我就羡慕不已，这是我所做不到的，要是我的身手能和你一样敏捷，该有多好啊。我简直太笨了，根本不能和你相比。现在就到了你展示身手的时候了，我想你一定能帮我把栗子取出来的，你一定不会令我失望的，对吗？"佳佳说。

"亲爱的朋友，你说的都是真的吗？请你不要随意奉承我，你说的这些话，都是你心底的真实想法吗？"聪聪问。

佳佳回答说："我说的当然是真的了，我想我完全没有理由欺骗你。"

听到佳佳的话，聪聪的脸上露出了微笑。其实他心里简直乐开了花，骄傲的情绪马上填满了他的心，他真的忘掉了一切，什么也不在乎了。

尽管聪聪也害怕烫到手,可为了面子,他不得不闭着眼睛把手伸到火炉里面取出栗子。火炉里熊熊燃烧的烈火把聪聪的手烫伤了,可佳佳却毫不在意,他在一旁开心地吃起了栗子。

佳佳得意地想:"聪聪的头脑可真是简单,我不过是说了两句好话,他就上钩了,聪聪简直太好骗了。"

"天哪,我看到了什么,那不是一只猴子吗?他竟然在偷吃我的栗子!他的胆子简直太大了,看来他还不知道我的厉害!"

屋子的主人走进屋子时,正巧看到猴子聪聪又一次伸手去偷栗子,不禁大怒,他气愤地拿起扫帚追打聪聪和佳佳。

佳佳心想:"真是糟糕透了,如果不能尽快逃走,恐怕我

就要被打死了。"于是,他扔下聪聪,自己飞快地跑了出去。

聪聪由于手受了伤,动作不灵活,他挨了好几下打,头已经肿起来了,费了很大的劲儿,才从屋子里面逃出来。

其实刚才聪聪一个栗子都没有吃到,而佳佳趁着聪聪忙着从火炉里面取栗子的时候,一直在一旁偷吃。

佳佳吃饱了,然后独自逃走了,聪聪却饿着肚子,浑身是伤。聪聪想起这些,难过极了,他想:"都是我的虚荣心给自己带来了伤害,我真是不应该相信佳佳的话。"

和爸爸、妈妈一起分享

骄傲是每个人都有的，关键在于如何把握。适当的骄傲是前进的动力，为了维持让人骄傲的能力，就需要不断地提升自己。相反，过度的虚荣心却会使人迷失，让人失去理智。

同样，在每个孩子成长过程中，都会有骄傲这种情绪。如何帮助孩子克服骄傲，让它成为孩子不断进取的动力，需要家长与老师的合作。

老师会在学校以多种方式，让学生认识到过度的骄傲是不可取的。同时，在家庭生活中，各位家长也要注意自己的言行，它们对于孩子的影响非常大，试想一个骄傲自大的家长，又如何能教育孩子不要骄傲呢？

当遇到孩子过度骄傲的情况时，各位家长要及时纠正，不要忽略小问题，要知道性格的形成，都是点滴积累起来的。

鸡西市初中语文老师　曹庆文

小朋友，关于这个故事你有什么话要说，写到下面吧！

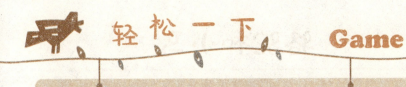

补充诗句

请开动你的脑筋,在( )中填上恰当的句子,然后读一读。

人之初,( )。
满招损,( )。
当面锣,( )。
一而再,( )。

天下兴亡,( )。
生于忧患,( )。
宁为玉碎,( )。
( ),其义自见。

谦虚使人进步,( )。
良药苦口利于病,( )。
人生自古谁无死,( )。

骆驼和小马

在沙漠边缘有一片草地,那里的草生长得十分茂盛。有一匹小马经常在草地上玩耍、奔跑,在他看来再没有哪种小动物会比他跑得更快了,为此他十分骄傲。

每当看到其他小动物在草地上慢悠悠地走路时,他就会走上前去,告诉他们怎样做才能跑得更快。

一天,小马像往常一样在草地上吃草,他看到有几匹骆驼从远处缓缓走来。

小马喃喃地说:"我真好奇这几匹骆驼到

底要去哪里？他们走得简直太慢了，或许等他们到达目的地时，天都已经黑了。"

就在小马满心疑惑的时候，骆驼走到了他眼前。他对骆驼说："喂，朋友，你们到底要去哪里？"

骆驼回答说："我们要去远处的沙漠。"

"哈哈哈……"听到骆驼的话，小马不禁放声大笑起来。他笑着说："你们走得简直太慢了，以你们这种速度，要走到什么时候才能到呀？"

骆驼坚定地回答说："尽管沙漠看起来有些遥远，但只要我们坚持不懈地走下去，总有一天会到达目的地的。"

"我看还是让我来告诉你们,该怎样做才能走得更快吧。我都替你们着急,真不知道还要多久,你们才能够到达目的地。"小马自以为是地说。

话音还没落,小马就像一阵风似的在草地上跑了起来,他跑得很快,转眼间就消失在了骆驼的视线中。

不一会儿,小马又跑回来了。他对骆驼们说:"喂,朋友,你们看我跑得多快呀,我多么希望

你们能跑得和我一样快啊。"

骆驼看着小马,不禁摇了摇头说:"这样可不行,沙漠同草原不一样。沙漠里既没有草地,也没有水,要是我们像你这样跑,用不了多久,身体中的能量就会被消耗光,这可是十分危险的。"

小马并不认同骆驼的话,他很不服气,想:"就让我用实际行动证明给你们看好了,我一定要让你们知道我说的话是对的。"

小马昂起头,不顾一切地向沙漠里飞快地跑去。

沙漠里到处都是被太阳晒得滚烫的沙子。小马不知跑了多久,终于跑不动了,力气被用光后,他精疲力竭地倒在了沙子上。

小马无比后悔,他多么希望自己能够回到那片美丽的草地上,可无论他怎样努力都办不到了。

小马心中非常着急、难过,并且十分绝望。

就在这时,小马隐约听到耳畔响起了驼铃声,他大声喊道:"救命!救命!"

原来,骆驼从后面赶了上来,正巧碰到了小马。

骆驼对小马说:"伙计,现在你知道沙漠和草地上有什么不一样了吧,现在就让我来帮助你吧。"

骆驼把小马驮在背上,带着小马走出沙漠,重新回到了草原上。

小马羞愧地对骆驼说:"现在我终于知道你们慢慢走路的道理了,之前是我太自以为是了，看来在这个世界上，我需要学习的东西真的很多呀。我现在终于明白了，跑得快并不适用于所有情况。"

从此以后，当小马遇到跑得慢的动物时，他再也不会骄傲了。

和爸爸、妈妈一起分享

"我如果是骆驼,我才不救小·马呢!我要好好教训一下小·马,让它知道自以为是的下场。"俊博说。

"你是男子汉,怎么能那么斤斤计较呢,再说不是有句话叫:'救马一命,胜造七级浮屠'嘛。"我说。

俊博不满地说:"那是'救人一命,胜造七级浮屠'。马命没那么值钱!"

"我知道啊,咱们谈论的不是小·马嘛。再说人和人是平等的,动物和人也是平等的,你不能瞧不起小·马,说马命不值钱。动物是人类的朋友,我们要尽力去保护它们。"我对俊博说。

"放心吧,小·马要是有危险,我会救的!"俊博说。

北京市刘俊博爸爸　刘永强

小朋友,关于这个故事你有什么话要说,写到下面吧!

轻松一下 Game

脑筋急转弯

1. 小白最像谁？（　　　　）
2. 犬字去掉一点是什么字？（　　　　）
3. 什么人总是想给别人颜色看？（　　　　）
4. 世界上什么东西比天还高？（　　　　）
5. 人死前要做的最后一件事是什么？（　　　　）
6. 有五支蜡烛，你吹灭了一支，还剩几支？（　　　　）
7. 中国人和英国人刚生的婴儿，说汉语还是说英语？（　　　　）

答案：1. 小白兔，因为白兔相（像）。2. 太。3. 画家。4. 心，因为心比天高。5. 咽下最后一口气。6. 一支。7. 刚出生的婴儿不会说话。

猫和愿望井

从前,有个叫索亚的男孩总是喜欢欺负小动物,人们经常看到索亚拿石头砸小动物,或是把小动物们追得乱跑。

一天,索亚在外面玩耍时,看到一只小猫,他暗暗地想:"小猫被人追得到处乱跑的样子,一定十分有趣。"

于是,他走到小猫身边,把几块石头扔向了小猫,小猫被砸到,痛得到处乱跑。索亚看到小猫跑了,急忙去追。

尽管小猫跑得很快,可还是被索亚追上了。

索亚吓唬小猫说:"小家伙,无论你跑到哪里,我都能追上你!"

小猫见到索亚,心中充满了恐惧,他来不及躲避,不小心掉进了一口井里。索亚看到小猫掉进井里,觉得很扫兴,只好转身离开了。

不过,这并不是一口普通的井,这口井有着神奇的魔力,可以帮助人们实现愿望。无论是谁掉进这口井里,他的愿望都会立刻变成现实。

没过多久,便有人来井边打水了,小猫被拉了上来。这时候,小猫身上已经有了魔法。

小猫回家时,看到索亚正拿石头打小鸟呢,他十分气愤,心想:"真应该教训一下这个讨厌的家伙,应该让他知道欺负小动物是要付出代价的。"

于是,小猫命令所有的小鸟把石头扔向索亚,这一次轮到索亚被石头打得浑身疼痛了。

小猫又命令各种小动物一起追赶索亚。索

亚看到这一大群小动物气势汹汹地跑过来,非常害怕,转身就跑。

小动物们在后面疯狂地追赶,索亚跑到那口愿望井旁边时,累得实在跑不动了,瘫坐在地上。

小猫和其他小动物追上来,他们商量道:"我们把这个讨厌的家伙扔进井里吧!"

"不,不,"索亚惊恐地向他们求饶,"求求你们,原谅我吧,我知道错了,我再也不欺负你们了!"

小动物们听到索亚的话,说:"既然你认识到自己的错误了,我们就给你一次改过的机会,要是你还敢欺负我们,我们一定不会放过你的。"

转眼间,好多天过去了。索亚在外面玩耍时,遇到一只小狗,小狗的腿受了伤,走起路来十分困难。

索亚对小狗说:"你的腿受了伤,一定很疼

吧！让我来照顾你吧！"

索亚找来了纱布给小狗包扎伤口，还给小狗找来了水和食物。在索亚的精心照料下，小狗的伤终于好起来了。

小狗对索亚说："感谢你救了我，我的腿好了，我该离开了。"

"小狗，再见吧。"索亚有些不舍地说。

索亚再也不欺负小动物了，他拿出自己的饼干喂鸟；在炎热的夏天给小狗们喂水；还收养了一只无家可归的猫。现在，小动物们再也不害怕索亚了，还和索亚成了好朋友。

和爸爸、妈妈一起分享

"小动物那么可爱,索亚怎么忍心伤害它们呢?"小煜问我。

"并不是所有的人都喜欢小动物呀,虽然不喜欢,但是伤害它们就不对了。"我回答说。

小煜想了一会儿说:"故事里,索亚最后不伤害小动物了,是因为他得到了教训。可是生活中,其他伤害小动物的人,不一定都会受到教训呀!我们有什么办法帮助小动物呢?"

"虽然不能教训伤害小动物的人,不过我们可以帮助受伤的小动物。有一个地方叫'流浪动物救助站',就是专门接收无家可归的小动物的,你如果愿意,可以经常去那里帮忙。"我告诉她。

"太棒了,这个周末我就去。"小煜说。

南京市李香煜妈妈　李富秋

小朋友,关于这个故事你有什么话要说,写到下面吧!

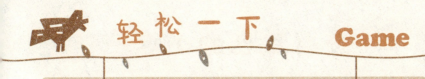

神探来破案

一个职业杀手被人雇佣去杀一个女士。杀手悄悄地潜入了这个女士位于郊区的别墅,并进入了她的卧室,用枪抵住她的后背。女士发现后,想要反抗,可是已经晚了。杀手扣动扳机,将她杀死。然后杀手戴上手套,把手枪放到了死者的手里,离开了别墅。因为那时这位女士刚刚失恋,所以自杀的可能性很大。可是,当警察到现场检查之后,得出了这样的结论:"这个女士不是自杀,而是他杀。"

那么是因为什么警察会确定是他杀呢?

答案:因为女士被射中时,身上没有火药残留而女士手上的射击口是有火药残留。可是,警察到现场检查死者时,没有闻到火药味,也没有看见火药的痕迹。所以最紧张是他杀。

没有尾巴的小鸡

从前,有一只小鸡生下来就没有尾巴,又因为他长得丑陋,所以经常受到同伴们的欺负。

终于有一天,小鸡再也忍受不了同伴们的欺负了,他决定去向国王告状。由于小鸡不会写字,所以他只能拿一张空白纸片当作状纸。

安顿好家中事务,小鸡背着一麻袋玉米,拿着状纸,向王宫走去。

在去王宫的路上,小鸡遇到一只狐狸。狐狸问:"小鸡,你要去哪里啊?"

小鸡回答说:"你好,狐狸先生,我要去向

国王告状。"

"我正巧也没什么事情要做,你带我一起去吧。"狐狸说。

小鸡点了点头,打开玉米袋子,对狐狸说:"狐狸先生,委屈你了,你暂且钻到袋子里吧。"

狐狸点点头同意了,尾巴一甩,钻进了玉米袋子。

小鸡继续向前走,一条河挡住了小鸡的去路。

"喂,小鸡,你这是要去哪里啊?"小河问。

"我要去向国王告状,你愿意和我一起去吗?"小鸡问。

"当然了。"小河说。

"那么,就委屈你钻到袋子里吧。"

小河同意了,

他把身体变得细细的,仿佛一条银腰带,钻进了小鸡的袋子。

小鸡继续向前走。他来到一大片带刺的灌木前,被挡住了去路。小鸡问灌木:"灌木你好,你为什么挡住我的去路呀?我还有重要的事情要办呢。"

"哦,到底是什么事情呢?"灌木问。

"我要去向国王告状,如果你愿意,我可以带你一起去,怎么样?"小鸡问。

"我正想去看看王宫的样子呢!"灌木说。

"那么,就要委屈你暂且待在袋子里了。"小鸡说。

灌木同意了,他缩小了身体,躺进了小鸡的玉米袋子里。

小鸡走了很远的路,终于到了王宫。当他把没有字的状纸递给国王时,国王气愤极了,他大声喊道:"你的胆子简直太大了,竟敢欺骗我,快来人,把他关入鸡笼。"

小鸡还没来得及解释，就被关进了鸡笼。鸡笼里的那些母鸡看到丑陋的小鸡，纷纷走过来，狠狠地用嘴巴啄他。

小鸡忍受不了母鸡们的欺负，打开袋子，把狐狸放了出来。狐狸出来后立刻咬死了那些母鸡，然后带着小鸡逃出鸡笼，向王宫外面跑去。

小鸡在前面跑，官兵在后面追赶。小鸡看到自己快要被追上了，只好打开袋子，把小河放了出来。

小河挡住官兵的去路，可那些官兵却乘船过了河。

"哦，天哪，难道我又要被关进鸡笼了吗？"小鸡大声喊道。

就在小鸡感到绝望的时候，躲在袋子里的带刺的灌木说话了。

灌木说："难道你把我忘了吗？或许我可以帮你挡住官兵的去路，快把我放出来吧。"

"我实在太糊涂了，竟然把你给忘了。请你快点儿出来吧，我急需你的帮助。"小鸡急忙打开袋子说。

灌木被放出来后，迅速变大，拦住了追赶的官兵。官兵想要爬过灌木，结果身上都被灌木扎伤了，疼痛不已。官兵没有办法越过灌木，

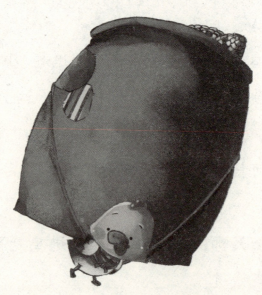

只好回王宫了。

小鸡看到官兵们走了,放心地回了家。

从此以后,小鸡再也没有受到同伴们的欺负,因为小鸡在经历这些事情后已经长大了,他不会在意别人的嘲笑了,同时他也学会了如何保护自己。

和爸爸、妈妈一起分享

小鸡经历了去王宫这件事后,明白了人生的道理,学会了保护自己。

可以说我们每一个人都要经历这种成长的过程。成长中,也许会遇到痛苦,也许会遭遇挫折,甚至会遇到许多意外的危险,但是只有经历过这些,才会慢慢成熟。

在与孩子相处的过程中,我只是尽量避免他遇到危险,却没有给他面对困难的勇气,没有教会他自我保护的方法。这样的孩子只是一朵被保护得很好的幼苗,不经历风雨,如何能够成长为参天大树?

我也希望其他家长能够放手,让孩子通过自己的努力,打拼出一片属于自己的天空。

重庆市王浚西爸爸　王朝龙

小朋友,关于这个故事你有什么话要说,写到下面吧!

轻松一下 Game

名人名言

塞内加

伟大的思想能变成巨大的财富。

罗斯金

文明就是要造就有修养的人。

恩格斯

有所作为是生活的最高境界。

杜伽尔

生活是一种绵延不绝的渴望，渴望不断上升，变得更伟大而高贵。

车尔尼雪夫斯基

人的活动如果没有理想的鼓舞，就会变得空虚而渺小。

魏尔伦

我渴望随着命运指引的方向，心平气和地，没有争吵、悔恨、羡慕，笔直地走完人生旅途。

谁的本领大

从前,有一只小猴子住在森林里,他身手十分敏捷。

一天,小猴子在散步时遇到了梅花鹿。他对梅花鹿说:"你好,梅花鹿,好久不见。"

"你好,小猴子,好久不见。"梅花鹿说。

可是两个朋友见面没聊几句话,就吵了起来。原来他们都认为自己的本领大,对方的本领小,谁也不服谁。

梅花鹿对小猴子说:"既然我们两个都认为自己的本领大,那么就让我们比一比好了,谁赢得了比赛,谁的本领就大。"

小猴子信心满满地说:"我想我一定不会输给你的,很快你就会看到我的本领有多大了。"

为了保证比赛的公平和公正,小猴子和梅花鹿找来松鼠当裁判。松鼠说:"你们两个看到对面的那棵树了吗?谁先拿到树上的果子,谁的本领就大。"

小猴子听完松鼠的话,急忙爬上了树,第一个拿到了果子,他大声喊道:"我赢了!"

梅花鹿不服气,对小猴子说:"我认为这回的比赛不能算数,我们应该再比一次。"

他们又请野马当裁判。野马说:"你们两个谁先跑到那边的山脚下,谁的本领就大。"

梅花鹿听了野马的话,撒腿就跑,没过多久就跑到了那边的山脚下。小猴子心中不服,他们又吵了起来。

这时，老熊从远处走过来，听到小猴子和梅花鹿的争吵。老熊思索了很久，终于想出了一个办法，他缓缓地说："我认为你们应该再比一次，这一次我来当裁判。你们看到小河对面那棵桃树了吗？谁先摘到那上面的桃子，谁的本领就大。"

梅花鹿和小猴子同意了。梅花鹿跑得飞快，他纵身一跃就跳过了河，来到了桃树下，可是无论如何也够不到树上的桃子。

另一边的小猴子却过不了河，他望着小河连连叹息。终于，他灵机一动，说："梅花鹿，你过来一下，要是你愿意驮我过河，我便可以帮你摘桃子。"

尽管梅花鹿心中有些不情愿，可为了摘下桃子，他不得不同意了小猴子的提议。他带着小猴子过了河，小猴子爬到桃树上,摘下两个桃子,自己留一个,给了梅花鹿一个,现在他们两个都拿到桃子了。

当他们把桃子递给老熊时,老熊笑着说:"现在你们明白了吧!你们两个都有本领,各有各的长处和短处,组合在一起本领最大。"

小猴子和梅花鹿听完老熊的话,羞愧地低下了头。后来,他们再也没有争吵过,而且成了互相帮助的好朋友。

和爸爸、妈妈一起分享

"小猴子和梅花鹿太年轻、太幼稚了！"文文听完故事，一副小大人的模样说道。

我觉得十分有趣，就问她："它们哪里幼稚了？"

"有什么本领大、本领小的，在能发挥出本领的地方，本领就大；在不能发挥出本领的地方，本领就小。它们的本领不同，怎么能判断出谁的本领大呢？"

我点点头，说："你说得太好了，文文好棒呀。"

文文谦虚地摇摇头："这不是我说的，是我以前看到过这个故事后面的一段分析，我觉得很有道理！"

我也觉得很有道理，所以在这里和其他家长、孩子分享一下。

青岛市郑舒文妈妈　李晴晴

小朋友，关于这个故事你有什么话要说，写到下面吧！

_____

_____

_____

_____

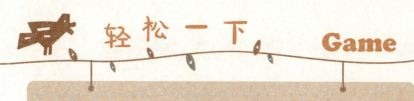

成语龙门阵

在空格中填上恰当的字,将下面的成语补充完整。

丑小鸭变成白天鹅

炎热的夏日,鸭妈妈蹲在草窝里孵蛋。不一会儿,蛋壳裂开了,毛茸茸的小鸭子一只接着一只地从蛋壳里爬出来。在最大的蛋壳里,爬出一只又大又丑的小鸭子。

鸭妈妈带着小鸭子们来到农庄,腿上有红布条的母鸭对鸭妈妈说:"你的孩子都很可爱,只有一只例外,他长得实在是太丑了!"

鸭妈妈说:"这孩子是长得有点丑,但他很聪明,游泳游得特别好。我想他以后会长漂亮的!"

那只很丑的小鸭子经常闯祸，弄得那些本来就不喜欢他的鸡鸭们，更加讨厌他了。他的兄弟姐妹也开始对他发脾气。最后，连鸭妈妈也不喜欢他了。农庄里，所有的鸡鸭都来欺负他，就连农庄里给鸡鸭喂食的女仆，也会用脚踢他。

可怜的丑小鸭不想待在农庄里了，于是他偷偷地逃走了。他来到野外，栖息在一片沼泽地里。

天亮时，一群野鸭发现了他，野鸭问："你是谁？为什么跑到这里来了？"

丑小鸭毕恭毕敬地向野鸭们行了个礼，说："请收留我吧，我是一只孤独的小鸭子！"

野鸭说："只要你不同我们族里的鸭子结婚，我们就可以收留你。"丑小鸭高兴地点点头，便在沼泽里住了下来。

几天后，沼泽里飞来两只大雁，他们看见丑小鸭，对他说："小东西，你虽然丑，但是挺可爱的！你愿意和我们一起走吗？"

"啪!啪!"天空中响起一阵枪声,两只大雁掉进了芦苇丛,鲜红的血染红了河水。

丑小鸭害怕极了,赶紧躲进芦苇丛,把头缩到了翅膀底下。这时,一只凶猛的大猎狗跑过来,用大大的鼻头在丑小鸭的身上仔细地嗅了嗅,又跑开了。丑小鸭睁开眼睛,叹了口气说:"我长得真是丑啊!连大猎狗都不吃我了!"

天黑时,丑小鸭来到一座简陋的农家小屋前。他又冷又饿,顺着门缝钻进小屋。小屋里住着一位头发花白的老婆婆,还有一只猫和一只母鸡。

猫成天不停地抓老鼠,而母鸡每天都能生一枚蛋。老婆婆看见家里来了一只又大又丑的小鸭子时,她高兴极了,想:"看来我又要有鸭蛋吃了。"

于是,老婆婆收留了丑小鸭。可是,好几

个星期过去了,丑小鸭连一个蛋也没有生出来。在与猫和母鸡相处的过程中,丑小鸭经常受到他们的白眼,他们还说丑小鸭是一个废物。

于是,丑小鸭伤心地离开了小屋。他来到湖边,跳进水里,独自玩耍起来。他一会儿在水上游,一会儿钻进水里。因为他的样子很丑,所以这里的动物都不喜欢他。

秋天到了,天气凉了。树林里的叶子随风飘落。所有的动物都躲进了温暖的洞穴,鸟儿也飞向了温暖的南方,而这只可怜的丑小鸭却依然待在水里,漫无目的地游着。

很快,冬去春来,花儿开了,草儿绿了,鸟儿唱起了美妙的歌。

一天傍晚,丑小鸭看见一群美丽的白色大鸟从天空飞过,他们的羽毛白得发亮,脖颈又细又长,叫声清脆悦耳。

"啊!多么美丽的大鸟啊!"丑小鸭惊叫起来,他的内心有着说不出的兴奋和快乐。丑小鸭羡慕极了，他忍不住学着他们的样子，奋力拍打着自己的翅膀。奇怪的事情发生了，丑小鸭飞起来了。他飞呀飞，飞进了一座美丽的大花园，落在了一潭清澈的湖水上。

当丑小鸭看到自己的倒影时，他惊喜地发现自己已经不再是一只丑小鸭了，现在的他变成了一只全身长着白色羽毛的美丽的白天鹅。

和爸爸、妈妈一起分享

　　丑小鸭因为长得丑陋，受到了很多歧视。这样的歧视是不对的，我们不能根据一个人的外貌，来选择对他的态度。

　　可是在现实生活中，以貌取人的现象并不少见。作为家长，我们没有有效的办法改变这种社会现状，但是我们能够从身边做起，好好教育下一代，让他们不要这样做。

　　讲完这个故事，我问润熙："丑小鸭虽然长得不好看，但是这就代表他应该受到歧视吗？"

　　润熙坚定地摇了摇头，告诉我，不应该。原来她也曾经碰到过这种情况，一个女孩因为长得不好看而受欺负。润熙知道后，和她成了好朋友，后来润熙发现这个女孩十分善良、可爱。

哈尔滨市陈润熙妈妈　李玉静

小朋友，关于这个故事你有什么话要说，写到下面吧！

_____
_____
_____
_____

轻松一下 Game

文字来找茬

仔细观察下面文字的差异,在括号中注上拼音,并组词写在横线上。

例:防 (fáng) 防护 提防 防守

仿 (　　) _____

纺 (　　) _____

坊 (　　) _____

妨 (　　) _____

访 (　　) _____

芳 (　　) _____

房 (　　) _____

肪 (　　) _____

彷 (　　) _____

连连涂涂

小乌龟玩得太久了,已经找不到回家的路了,请你帮它找找吧!

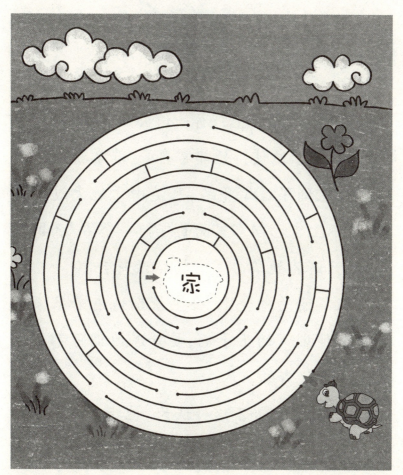

画眉嘴国王

在远方的国度里,有一位公主,她有着无与伦比的美貌,这使得她非常自豪,非常骄傲。

公主到了适婚年龄,可是由于她太过于骄傲,看不上自己国家里面的任何一个男人。国王无奈,只好为她举办了一场招亲舞会。

在华丽的舞会上,公主挑剔地看着来来往往的其他国家的王子们,要知道他们可都是各个王国最优秀的男人。

可惜,公主并不这样认为。她指着一个稍胖一点的王子说:"看,他真像一只酒桶!"

公主又指着一个高个儿的王子说:"他走路太不稳重了,没个男子汉的样子!"她嫌弃黑皮肤王子,又讨厌白皮肤王子,同时还觉得黄皮肤王子难看。总之,这些人中,没有一个能被她看中。

她对这些求婚者冷嘲热讽,也让王子们对这位公主的印象差极了。没有人愿意再与她攀谈,也没有人再想向她求婚。

最后,终于有一位勇敢的王子向公主走来。他向公主做了自我介绍,并且表达了对公主的喜爱之情。

可是,公主看到这位王子的下巴稍稍有些弯曲,便笑话他说:"瞧这家伙的下巴长得跟画眉嘴一模一样!"

老国王看见女儿这样不懂礼貌,十分生气。他当众发誓说:"只要再有人来求婚,即使他是一个乞丐,我也会把女儿嫁给他。"

几天以后,一个乞丐来到王宫的窗下唱起

歌,国王便把公主许配给了他。公主十分不情愿,哭着请求国王不要把自己嫁给这个乞丐。但是国王的命令不可能更改,于是国王为公主和乞丐举行了婚礼。

结婚后,公主离开王宫,跟着乞丐来到一片大森林中。

"这片森林可真茂密,不知道它的主人是谁?"公主对乞丐说。

"是那位画眉嘴国王。"乞丐回答说,"要是当时你答应了他的求婚,现在这片森林就属于你了。"

"我当时真傲慢呀,以至于如此!"公主懊悔地说。

两人继续向前走,他们来到一片草地上。"这片草地上的草长得真好!这片草地是谁的?"公主问乞丐。

"是画眉嘴国王的。"乞丐又继续说,"如果你嫁给他,这片草地不就属于你了吗?""唉,我真是不应该呀!"公主说道。

接着,他们来到了一座城市。"这座城市真美丽,这又是谁的呢?"公主好奇地问乞丐。

"画眉嘴国王的。如果你当初嫁给了他,那片森林、草地和这座城市就都是你的了。"乞丐说。

"我现在真后悔,我真希望自己能嫁给他。"公主无比懊悔地说。

他们走了很久,来到了城市边上一所很小的房子前。"这房子真小,怎么能住人呢?"公主问道。

乞丐说:"这就是我们以后的家了,我不能养活你,你就靠编筐来赚钱吧。同时你要学会纺线、做家务。"

公主原本并不会做这些事情,但是为了能够吃上饭,她还是学会了。公主每天拼命地工作,可是依然不能让她和乞丐两人吃饱。乞丐对公主说:"你去画眉嘴国王的宫殿做女佣吧!"

于是公主就来到王宫,成了王宫里的女佣。公主每天都要干最脏的活,还要把残羹剩饭带回家中糊口。

不久,王宫里举行了盛大的舞会。

"舞会真热闹,宾客们个个衣着华丽,可我只能眼巴巴地看着,真是可怜。"可怜的公主看着舞会上其他人光鲜亮丽的衣着,想起自己曾经的美好生活,以及自己现在所遭受的一切,再也控制不住,站在那里大哭起来:"我以前真是不对,我太傲慢了。"

这时,国王出现了,他穿着华丽的衣服,伸出双手想和公主跳舞,公主拒绝了。但国王并没有让公主离开,反而更紧地

抓着公主的手。他对公主说:"我就是画眉嘴国王,为了改变你的傲慢无礼我才装成乞丐骗了你。现在,过去的已经过去了,我们重新举行婚礼吧。"

话音刚落,宫女们走了过来,把公主打扮得光彩夺目。公主的父亲也来了,公主和画眉嘴国王举行了盛大的婚礼。

和爸爸、妈妈一起分享

国王为了让公主认识到自己的傲慢行为，不惜让公主吃苦，而结果确实不错，公主认识到了自己曾经的错误，不再傲慢。

生活的艰苦磨炼可以使一个人逐渐成长，相反，过于优越的生活会使一个人变得安逸、懈怠。生活中，我们也应该让孩子适当地吃吃苦，磨炼一下。

最近我看了一档名字叫作《变形记》的节目，讲述的是城市中的叛逆孩子，到农村吃苦磨炼的故事。他们中的许多人在节目结束后，明白了生活的不易，学会了体谅别人。

所以，家长们，请不要再过度保护孩子，他们的人生，请让他们自己去拼搏、去开创。

哈尔滨市张子炀爸爸　张云广

小朋友，关于这个故事你有什么话要说，写到下面吧！

轻松一下 Game

判断对错

1. "东西"这个词语的第二个字要读成轻声。（ ）

2. 空调等家用电器关闭后,不关电源,依然耗电。（ ）

3. 石油不是可再生资源。（ ）

4. 英语中有24个字母。（ ）

5. beer 在英语中是面包的意思。（ ）

6. 老鼠能够从15米高处跳下来而不受伤。（ ）

7. 肥皂比洗衣粉对环境的破坏力小。（ ）

8. 国家提倡用布袋子、菜篮子是为了减少白色污染。（ ）

答案:1.√ 2.√ 3.√ 4.× 5.× 6.√ 7.√ 8.√

跛脚的孩子

在一座古老的庄园里,住着一位才华横溢的年轻作家。他年纪轻轻,就出版了许多书籍,社会上的很多上流人物都是他的书迷,他们总喜欢聚集到他的家里,和他讨论文学。

年轻作家住在自己的庄园里,有朋友的围绕、亲人的关心、读者的崇拜,他生活得十分充实。

这位年轻的作家非常富有,他从不需要担心花费问题。同时他也是一个善良的人,经常把自己的旧衣服、吃不完的食物分给贫穷的人。

那是一个圣诞节的夜晚,作家在自己的家中摆放了一棵高高的圣诞树。在圣诞树上,挂满了各式各样的礼物,有用彩纸包装好的礼品、银色的小礼帽、金苹果等,把圣诞树点缀得特别美丽。

年轻作家的朋友们也聚集到了他的庄园里,和年轻作家互换了礼物,然后一起喝美酒,享用美味的火鸡。

有一对夫妇已经为年轻作家工作很多年了,他俩分别是园丁基尔斯汀和他的妻子奥勒。每年过圣诞节,年轻作家都会赏给夫妇俩一些旧衣服和吃剩的食物,今年也不例外。

夫妇俩忙完工作,回到他们居住的简陋小屋,那里住着他们的五个孩子。那五个孩子正在屋里满怀期待地等着夫妇俩给他们带回圣诞礼物。

基尔斯汀和奥勒一进门,五个孩子便同时欢呼起来,他们期盼这一刻已经太久了。奥勒把主人们吃剩下的食物一样一样地摆在桌上，看起来也很"丰盛"。

然后，奥勒又从袋子里拿出年轻作家送给孩子的礼物，可奇怪的是，四个孩子得到了新衣服，只有一个孩子得到了一本书。

那个得到书的孩子，叫麦克，外号叫"跛子"，他是夫妇俩最小的孩子。原本麦克十分聪明、活泼，可是在他小的时候，突然有一天，不知道什么原因，他的腿"瘫了"，再也站不起来了，再也不能行走了。

他的父母没有钱给他看病，所以他只能躺在床上，而这样一躺就是五年。

麦克的哥哥们看到麦克的礼物，都嘲笑他，说因为他是跛子，所以连好的礼物都得不到。麦克的父母也有些悲伤，不过麦克却不这样认为。

他喜欢书，更加热爱阅读，这本书对于他来说，是最好的礼物。每当家人闲暇时，麦克都会给他们读书中各种各样的故事。这些故事十分有趣,经常逗得基尔斯汀和奥勒哈哈大笑,甚至能让他们暂时忘记一天的疲惫。

不久,年轻作家和他的太太又送给麦克一只小鸟。那是一只黑色的小鸟,它的叫声明亮动听,离很远就能听到它清脆的歌声。麦克十分喜欢这只小鸟,他将鸟笼放到离他不远的旧衣柜上,以便于自己每天一睁开眼睛,就能看到小鸟。

从此麦克和小鸟成了最好的朋友,麦克每天都会给小鸟朗诵一段诗歌,还会第一时间和小鸟分享他读书的体会等,小鸟成了麦克最好的听众。

可是,基尔斯汀和奥勒夫妇却十分讨厌小鸟,因为麦克不能下床给小鸟换水、喂食,所以这个任务就落到了基尔斯汀和奥勒夫妇身上,他俩认为这给他们增添了很多麻烦,心里十分不满。

他们不能当着麦克的面把小鸟扔掉,于

是他们每天都在祈祷，花园里的野猫可以把小鸟抓走。

一天，一只猫闯进了麦克的房间，它蹲在地上，用一双黄绿色的眼睛死死地盯着小鸟。它贪婪的眼神，仿佛在说："多美丽的小鸟啊，它的味道也一定很好，我一定要吃到这顿美味佳肴！"

现在猫在寻找时机，它要在最恰当的时刻，跳上鸟笼，把小鸟抓出来，一口吃掉。

麦克看到这一幕，心中十分焦急，他大声驱赶着猫，说："去，你这只馋猫，离小鸟远点！"而猫却像没听见似的，它缩起身子似乎要跃起来。

麦克更加着急了，他的家人都出去干活了，没有人能够过来帮助他。他又不能下床，他的身边除了那本故事书，没有其他任何东西。麦克只好将书扔向那只猫，猫轻轻一躲，便闪开了。

猫不再等待了，它跳到衣柜上，把鸟笼碰翻了，小鸟也意识到了危险，在笼子里乱飞乱扑,拼命地挣扎。

麦克大叫一声,一下子跳下了床,向衣柜跑去。猫被吓了一跳,嗖地一下子逃走了。麦克松了一口气,去检查小鸟,发现小鸟安然无恙,便把鸟笼挂回了原位。

这时,麦克才惊奇地发现自己站起来了,还能走路了。他欢呼着,跑到花园里告诉父母。父母看见站在自己眼前的麦克,简直惊呆了,他们都不敢相信自己的眼睛。

麦克终于可以像正常孩子一样学习、生活了。当麦克长大后,他离开了家,去了远方求学,临走时他向青年作家表示感谢,并把那本书送给了父母作为纪念。

和爸爸、妈妈一起分享

"洋洋，你不觉得这个故事很符合你现在的境况吗？跛子男孩。"我说完话，踢了踢他前几天踢足球时受伤的脚。

洋洋十分不满地看了我一眼，说："我和麦克完全没有共同点，首先，我不爱看书，一看书就头疼！其次，咱家条件还不错，我不用穿别人的旧衣服，吃别人的剩饭；最后，我的父母很疼爱我，才不像麦克的父母总是抱怨他呢。"

我笑着对他说："小子聪明啊，会拍马屁了！"

他也笑着说："这不都跟你学的嘛，你可没少拍妈妈的马屁哟！"

这小子……

无锡市齐洋爸爸　齐友山

小朋友，关于这个故事你有什么话要说，写到下面吧！

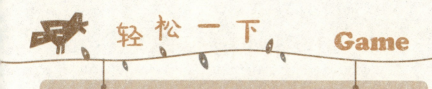

名人名言

卡曾斯

把时间用在思考上是最能节省时间的事情。

华罗庚

聪明出于勤奋,天才在于积累。

莎士比亚

青春时代是一个短暂的美梦,当你醒来时,它早已消失得无影无踪了。

冰心

修养的花儿在寂静中开过去了,成功的果子便要在光明里结实。

恩格斯

父亲子女兄弟姊妹等称谓,并不是简单的荣誉称号,而是一种负有完全确定的异常郑重的相互义务的称呼,这些义务的总和便构成这些民族的社会制度的实质部分。

小蝌蚪找妈妈

春暖花开,青草遍地,花香扑鼻,在这温暖的春季,小河的冰面正在悄悄地融化。

许多冬眠的动物在此时纷纷苏醒过来。瞧!青蛙妈妈也从裂开的冰面上探出脑袋,看到春天的美丽景色,青蛙妈妈十分开心,她迫不及待地要去领略这美好的景色了。

青蛙妈妈跃出水面,跳到岸上,追逐一只美丽的蝴蝶去了。可是她却忘了在荷叶上有她的一群宝宝!

不久,荷叶上的一群小蝌蚪也醒来了。经过

对新世界的短暂好奇后,他们发现了一个大问题,那就是妈妈不见了。

为什么其他动物都有妈妈,而他们却没有呢?他们想不明白。

于是他们问荷叶阿姨:"我们的妈妈在哪里?荷叶阿姨,您是我们的妈妈吗?"

荷叶阿姨告诉小蝌蚪,她不是他们的妈妈,他们的妈妈是青蛙,她也不知道青蛙妈妈去了哪里,想来应该是和他们走散了。

于是小蝌蚪们决定去找妈妈。

这时,鸭妈妈带着她的孩子们来到池塘里练习游泳。小蝌蚪们看到鸭妈妈在水里游来游去,十分优美,就游到她身边,问她:"请问您是我们的妈妈吗?"

鸭妈妈说:"我不是你们的妈妈,你们的妈妈是青蛙妈妈,我是鸭妈妈。"

"请问您见过我们的妈妈吗?可以告诉我们她长什么样子吗?"小蝌蚪问。

鸭妈妈说:"我见过她,我和她还是好朋友呢。她的头上长着两只大大的眼睛,她的嘴巴也是宽宽大大的。"

小蝌蚪们谢过鸭妈妈,便踏上了寻找妈妈的旅程。

他们游啊游,碰到了一条大鱼。小蝌蚪们看到这条大鱼有两只大大的眼睛和宽宽大大的嘴巴,心想:"她一定是我们的妈妈。"

小蝌蚪们游过去喊:"妈妈,妈妈!"

大鱼微笑着说:"你们认错了,我不是你们的妈妈,我是小鱼的妈妈,你们的妈妈有四条腿。你们去前面找找吧。"

小蝌蚪们谢过大鱼,又向前面游去。在一处湖水清澈、风景宜人的湖边,小蝌蚪们看到了一只大乌

龟,他们看到乌龟用四条腿划水,觉得她一定是自己的妈妈。

小蝌蚪们欢快地游到乌龟身边,大声叫道:"妈妈,妈妈!"

乌龟皱着眉头,告诉他们:"我不是你们的妈妈,我是小乌龟的妈妈。"

小蝌蚪们不好意思地说:"真对不起,乌龟妈妈,请问您见过我们的妈妈吗?您知道她长什么样子吗?"

乌龟回答说:"我见过她,她的肚皮是白色的。你们快继续寻找吧。"

小蝌蚪们又离开了乌龟,向远方游去。

小蝌蚪们一边找妈妈,一边欣赏河两岸美丽的风光,正巧他们看到一只嘎嘎叫的大白鹅,在自由自在地划着水。

小蝌蚪们看到大白鹅白白的肚皮,以为找到了妈妈。他们急忙游到大白鹅身边,大喊:"妈妈,妈妈!"

大白鹅摇摇头,说:"我不是你们的妈妈,我是小鹅的妈妈,你们的妈妈穿着绿衣服,快去找吧。"

小蝌蚪们虽然寻找妈妈多次失败,但是他们一点儿也不灰心。相反,他们越挫越勇,还总结了经验:"从各位妈妈的嘴里,我们可以知道,我们的妈妈长着大眼睛、宽嘴巴、四条腿和白肚皮。下次,我们照这些线索寻找,就一定不会找错了!"

小蝌蚪们又继续向前游,这时,他们看见一只青蛙坐在荷叶上。他们游过去问:"你是我们的妈妈吗?"

青蛙听了,说:"傻孩子,我就是你们的妈妈呀。"

小蝌蚪问:"妈妈,为什么

咱们长得不一样呢?"

青蛙妈妈说:"等你们长大了,就跟妈妈一样了。"

小蝌蚪们听了,高兴地说:"我们终于找到妈妈了!"从此,小蝌蚪和青蛙妈妈一起过着快乐幸福的生活。

和爸爸、妈妈一起分享

"小蝌蚪们真是有毅力呀,如果我找两次都找不到,可能就放弃了。"硕硕说。

"这么容易就放弃了吗?可是有些事情如果不坚持,是难以成功的呀。"我说。

"可是,要坚持下来很难的。"硕硕说。

"确实,持之以恒,需要很强大的毅力。妈妈不需要你喊口号,也不用你保证遇到困难会坚持,但是硕硕,你能不能答应妈妈,在每次想要放弃的时候,多尝试一次?"我说。

硕硕答应了。这样很好,多尝试、多坚持一下就很好。

威海市聂百硕妈妈　耿明慧

小朋友,关于这个故事你有什么话要说,写到下面吧!

成语游戏

在方格中填上恰当的字,将下面的成语补充完整。

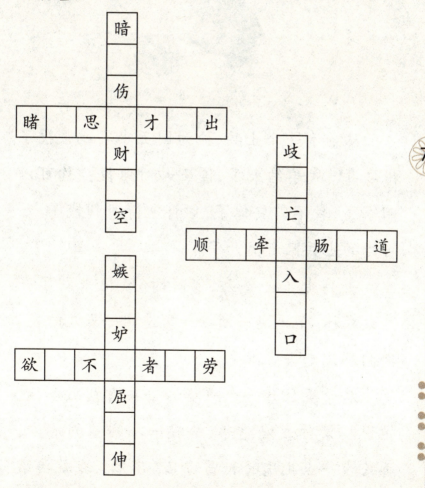

蓝 灯

从前有一个士兵,他为国王忠实地服役了很多年。战争结束了,国王却对他说:"你可以回家了,我不需要你了,你再也得不到钱了。"可怜的士兵只好离开了。

士兵走了一整天,傍晚时分,他来到了一片大森林。他看见一所房子里透出一点儿灯光,便向那儿走去。

房子里住着一个巫婆。士兵看到巫婆,对她说:"请你发发慈悲,给我一个睡觉的地方,再给我一点儿吃的和喝的吧,不然,我就要饿死了。"

巫婆回答说:"哎呀,谁愿意把食物和水给一个对国王来说已经没有用处的流浪士兵呢?不过,对我来说,你还是有点用处的,如果你愿意明天把园子里的土松一松,我想我会收留你的。"

士兵看到了继续生存下去的希望,于是急忙答应了。

第二天,士兵拼命地干了一整天活,可天黑时工作还是没干完。巫婆说:"你工作得实在是太慢了,这样吧,我再留你住一夜,明天你做其他的工作,给我劈一车木头,一定要把木头劈成小块。"

士兵想了想,同意了。

第三天,士兵又干了一整天活,工作依旧没能完成。到了晚上,巫婆仿佛早就料到了这个结果,她对士兵说:"你先继续待在我这里吧,明天你要干的活儿很轻松。在我屋子后边有一口干枯的老井,我有一盏会发蓝光的灯掉下去了,你帮我把它捡上来。"

第四天早晨,巫婆领着士兵来到井边,用筐子把他放到了井里。士兵找到了那盏会发蓝光的灯。他把那盏灯抱在怀里,坐在筐子里,然后巫婆一点一点把他拉上去。

谁知当巫婆快要把他拉到井口的时候,猛地一伸手,便想把蓝灯从他的怀里夺走。

士兵发觉她没安好心,就冲着她说:"不,我不能把灯给你,我得先到地面才行。"

巫婆一听,火冒三丈,马上松开了抓着绳子的手,自己走了,士兵又被扔回了井里。可怜的士兵摔到了井底,虽然没有受伤,可是井底又黑又冷,士兵心里有些害怕,他很担心巫婆以后都不再理他,把他一直扔在井底。

这时,士兵发现那盏蓝灯正闪闪发光。士兵无意中把手伸进口袋,摸到了他的烟斗,发现里边还装着半斗烟丝。士兵决定抽口烟,来缓解一下他焦虑的心情。

他把烟斗从口袋里拿出来,就着蓝灯的火焰点燃,抽了起来。忽然间,一个皮肤黝黑的小人儿出现在他的面前,问他:"先生,您有何吩咐?我会帮助您完成任何事情。"

士兵说:"那你就先把我从井里拉出去吧。"

小人儿拉起他的手,提起蓝灯,领着他穿过一条地道。途中,他把巫婆藏起来的金银财宝指给士兵看,士兵尽其所能,搬走了不少金子。

回到地面上,士兵便看见巫婆正怒气冲冲地向自己跑来,士兵对小人儿说:"你去把那个巫婆捆起来,把她送到法庭上,她实在是太可恶了,她应该受到惩罚。"

话刚说完,士兵就看到向他跑过来的巫婆消失不见了。小人儿告诉士兵说:"审判完了,巫婆已经上了绞刑架。请问您还有什么吩咐?"

士兵告诉他:"我现在没有什么要求,如果有,我会叫你的,你现在可以走了,记得在我叫你的时候要马上出现!"

小人儿恭敬地说:"当然了,先生。当您再次需要我的时候,只要用蓝灯的火焰点燃烟斗,我马上就会来到您的身边。"说完,小人儿便消失了。

士兵回到他原来的城市,用金子定做了许多漂亮的衣服,住进了最高档的旅馆,他吩咐旅馆给他准备一间装饰得富丽堂皇的房间。

一切安排好后,他唤来小人儿,对他说:"我忠实地为国王服务,但是他却把我无情地赶了出来,现在我要报仇。等夜深了,你去王宫把公主背来,让她给我当女仆。"

午夜钟声刚刚敲响,小人儿就把公主背进了士兵的房间。士兵对公主说:"快去拿扫帚,把房间好好打扫一下。"

公主并不愿意做这些事,但是又害怕士兵会伤害她,于是只能听从他的吩咐。打扫完后,士兵又吩咐她擦靴子。士兵命令她做什么,她就做什么。公鸡啼鸣时,小人儿把公主背回宫里,放在床上。

第二天早上,公主去见她的父亲,告诉父亲她梦到自己被人背着,送进一个士兵的房间里做女仆,帮他打扫房间,帮他擦靴子。虽说这只是一个梦,可是自己却感到很疲倦,好像真的干了那

些活儿似的。

"也许这不是一个梦,"国王说,"把你的口袋装满豌豆,然后在口袋上戳个小洞,要是再有人来背你走,豆子就会掉在街道上,这样我们就可以发现你的去处了。"国王说的这番话正巧被小人儿听到了,不过国王并没有发现小人儿,因为他隐身了。

夜里,当小人儿背着公主穿过街道时,的确有豌豆从口袋里掉出来,可是那个小机灵鬼儿,已经事先在所有的街道上都洒上了豌豆。

第二天早上,国王仍然没找出公主的去向,于是他又对公主说:"下次你上床时,别脱鞋子。你从那儿回来,藏一只鞋子在那里,然后我就可以根据你的鞋子,找到那个地方了。"

第二天早上,国王派人在全城寻找他女儿的鞋,结果在士兵的房间里搜到了。于是士兵被国王关进了监狱。

士兵在监狱里点燃了烟斗,叫来了小人儿。

"别害怕,亲爱的主人!"小人儿说,"不管他们把您押往哪里,您去就是啦,可是千万别忘记带上蓝灯。"

第二天,国王开庭审判士兵。法官按照国王的意思,把士兵判了死刑。在被推上绞刑架之前,士兵恳求国王说:"请您恩准我,在路上抽一袋烟好吗?"

国王说:"你可以抽三袋。不过,几袋烟也救不了你的命。"

士兵点着了烟,小人儿

手里握着一根短棍站在了他的面前,说:"我的主人,请问您有什么吩咐?"

"去把那些法官打趴下,更不能饶恕虐待我的国王。"小人儿挥舞着短棍大打出手,周围的人一个个被他打倒在地。

国王害怕了,请士兵饶恕自己,并答应把公主嫁给他。从此,士兵和公主过上了幸福的生活。

和爸爸、妈妈一起分享

"士兵怎么能这样对待公主呢?他竟然让公主给他做家务,还让公主给他擦靴子。公主怎么能做这种事情,士兵实在太过分了!"心怡气愤地说。

"心怡,你想过没有,国王对待士兵是不是也很过分呢?打仗的时候需要士兵为他出生入死,所以供养着士兵,当没有战争不需要士兵的时候,就将士兵一脚踢开,完全不考虑士兵以后该如何生活。"我说。

心怡仔细想了一下,说:"国王确实过分,不过士兵也不能因为跟国王生气,就欺负公主呀。"

我点点头:"心怡说得有道理,爸爸也支持你的观点。"

上海市朱心怡爸爸　朱更海

小朋友,关于这个故事你有什么话要说,写到下面吧!

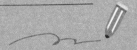

轻松一下 Game

告别消极情绪

★ 将烦恼的事情一吐为快

当我们遇到烦恼时,不要将烦恼深深地埋在心中,要想办法发泄。和好朋友谈谈心,烦恼就会减半。或者写写日记,将烦恼的事写下来,或者到高山上大喊,再或者痛痛快快地哭一场。

★ 自我心理暗示

当我们遇到消极的事的时候,要暗示自己,或用他人的行为做榜样来劝说自己。

★ 学会宽容

所有的事都会过去的,烦恼也是。那么遇到烦恼的时候,学会宽容,学会放过自己,同时也是放过别人,这样我们会感觉轻松一些。

★ 控制自己的情绪

要学会控制自己的情绪。当我们受到消极情绪影响的时候,我们就要控制自己的情绪。运用理智和意志来加以控制,同时要学会看淡一些事,生活还是要继续的。

★ 培养广泛的兴趣和爱好

设法让自己的生活丰富多彩,增加自己的爱好,这样可以增加一些生活情趣。多一些兴趣和爱好就会让自己的生活丰富多彩,吟诗作画,练习书法,学学音乐,读读书,看看报,都可以使我们的生活色彩斑斓,充满生机。

一个豆荚里的五颗豆

在蔬菜园生长着各种各样的蔬菜,有西红柿、胡萝卜、马铃薯,其中最惹人注目的要属那片郁郁葱葱的豌豆了,上面结满了丰硕的豆荚。

其中一个豆荚里,有五颗豌豆。因为五颗豌豆的周围都是绿色的,所以他们认为世界也是绿色的。

他们按照在豆荚中的排位顺序,排出了老大、老二、老三、老四和小五。他们每天都坐在一起,享受阳光的温暖和雨水的滋润。日子一天天过去,豌豆们也逐渐长大了,并学会了思考。老大说:"我们要永远在这里坐下去吗?我好想看看外面的世界!"

老二却不赞同老大的观点:"在这里多好呀,我可不想出去,更不想变成别人的盘中餐,我希望可以永远享受现在的美好生活,不要变老,也不要变僵硬。"

可是,事实并不像老二期待的那样,在夏季的末尾,有几个豌豆荚变黄了,豌豆荚里面的豌豆也变黄了。

老三、老四和小五惶恐起来,他们尖叫着:"整个世界都变黄了,我们也要变黄了,完了,我们就要变老了!"

老大和老二正要安慰他们,忽然豌豆荚一动,他们被摘了下来。他们和许多豌豆荚一起,被放进了一个马甲口袋里。

"相信不久,我们就会被打开,我们就能呼吸到外面新鲜的空气了。"老大兴奋地说。

"我们要不要来一场比赛,看谁能够飞得最

远。"小五说。

"好呀！好呀！"老三和老四欢呼道。

随着"啪"的一声，豌豆荚被捏开了，里面五颗饱满的豌豆马上散落到了阳光下。豌豆们眯起眼睛，适应了一会儿阳光，他们发现，此刻他们正躺在一个孩子的手里。

孩子紧紧地捏着五颗豌豆，说他们的大小，正好适合做他的豆枪子弹。

那个孩子马上把老大放进了豆枪中，老大激动地说："再见了，我亲爱的兄弟们，我要飞到广阔的世界里去了，我要去见识巍峨的高山和奔流的河水去了。"

随着一声枪响，老大朝远处飞去，不见了。

紧接着老二也被放进了豆枪里，老二却不像老大那样兴奋，他淡定地说："真是讨厌，在豆荚里待着多好。算了，我们不是还有一场较量吗？我觉得我一定会比老大飞得更远，这世上应该没有比太阳离我们更远的地方了，那么就请让

我飞到太阳里去吧。"

老二说完,也飞走不见了。

老三和老四已经迫不及待了,他们俩商量着,老三说:"我们飞到哪里,就睡在哪里吧,这样我们就可以成为种子,生长出一株株豌豆了,这真是一件大好事。"

"对,你说得没错,不过我想到了一个好主意,老大和老二太笨,他们肯定想不到,我们被射出去后,还可以向前方继续滚啊,这样不就会走得更远了吗?"

老三对于老四的提议连连鼓掌,并说:"这真是一个绝妙的好主意!"

终于,随着两连发,老三和老四也消失在空中,虽然再也看不见他们的身影,但他们的豪言壮语,却依然在不断地回响:"我们才会被射得最远!"

终于轮到小五了,他满怀期待地说:"世界这么美好,无论飞向哪里,我都觉得是一件美妙的事情。"

于是,他被射到一处破旧的顶楼窗子下面的一个裂缝里去了。这个裂缝里面长满了绿色的青苔,它们和豌豆的绿色混在一起,豌豆此刻完全不能被人发现。

在那个屋顶上住着一个女人和她的女儿,这个女人很贫穷,她要一个人养活女儿,所以她每天都去别人家做工,给人家擦炉子、锯木头。

这些工作无比繁重,可是无论如何疲惫,女人也不敢休息,因为她有一个生病的女儿。那个小女孩从小发育不全,身体非常虚弱,每天只能躺在顶楼的床上。

女人花光了所有的钱给女儿看病,可是所有的大夫看到小女孩后,都摇摇头,说这个女孩不会活太久。

女孩是一个懂事的孩子,身体不舒服的时候,她尽量不吵醒妈妈,而是静静地躺在床上。

又是一年春暖花开,早晨,和煦温暖的阳光从屋顶的小窗子照射进来,病床上的小女孩感受到了丝丝的温暖。她望着阳光出神,慢慢地伸出手,疑惑地指向窗子:"外面那绿颜色的东西是什么呢?看!他正在随风飘舞呢。"

小女孩的母亲走到窗边,打开窗子,仔细看了一会儿,说:"啊!是一颗可爱的小豌豆。他竟然长出了小叶子。他是怎么来到缝隙里的呢?亲爱的孩子,你真是幸运,你可以把他当成一个小小的花园。你现在有自己的花园可以欣赏了!"

母亲把小女孩的床搬到离豌豆小五更近的位置。小女孩开心极了,因为她可以清楚地看到,豌豆的每一片叶子是如何摆动的了。她发现这颗小豆子长得好极了,小女孩的内心充满了希望。

晚上,母亲回到家的时候,小女孩告诉母亲:"妈妈,我觉得好些了。小豌豆都能在那么艰苦的环境中成长起来,我相信我也一定能够做到的。终有一天,我会从床上爬起来,像小豌豆一样,走到阳光下,沐浴在温暖中。"

母亲听到小女孩的话,十分激动,她温柔地抚摸着女孩的头,说:"上帝一定会帮助你的,我亲爱的孩子,你一定能够重新站起来,妈妈会永远支持你。"

母亲知道,是小豌豆给了女儿勇气,于是她来到窗边,用一根小木棍小心地将豌豆的叶子支起来,使他的叶子不会被风吹断,不会被雨压弯。

母亲在从小豌豆的叶子到窗框之间的地方,牵了一条绳子。这样小豌豆就可以顺着绳子生长了。不久,小豌豆那绿绿的叶子就爬满了窗子,破烂的窗子因为有了他的装点,变得

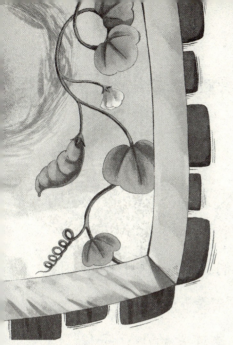

美丽无比。

又过了一些日子,母亲再次看到小豌豆的时候,激动地说:"瞧,他似乎要开花了。"

这些日子以来,小豌豆不仅成了小女孩的精神寄托,也成了母亲的希望。她看着小女孩和小豌豆在一起,逐渐恢复健康,甚至能够从床上坐起来。她相信,此刻马上就要开花的小豌豆,一定会给她们带来幸运。

不久,小豌豆果然开花了,那是一朵粉红色的豌豆花,她迎着风绽放,虽然娇弱,却无比顽强。

女孩看着美丽的豌豆花,缓缓地站起来,她的母亲已经热泪盈眶,这一幕她期待得实在太久了。女孩安慰母亲,让她平复一下激动的心情,然后女孩来到豌豆花的身边,轻轻地吻了一下她柔嫩的花瓣。

"谢谢你,小豌豆。"说完,女孩抑制不住自己激动的心情,放声大哭起来,她终于实现了自己的愿望,终于重新站了起来。

"感谢上帝,赐给我们这样一株小豌豆,他一定是上帝的使者,为我亲爱的女儿送来健康。他真是我见过的,这世上最可爱的小豆子!"

再看看其他几颗豌豆吧,还记得豌豆老大吗?他落到屋顶的水笕里去了,最后不巧又被一只母鸡吃到了肚子里。

老三和老四也没有得到幸运之神的眷顾,他们俩被发射出去后,确实依照之前的约定,走了很远。但是同样不幸的事情也发生在了他们的身上。他们被一群飞过的鸽子,快速地吞进了肚子里。

几个兄弟中,除了小五,现在还健在的,只有喜欢安逸的老二了。老二被射出后,落到了一个水沟里,他在脏水里躺了好几天,身体里充满了水分,涨得大大的。

老二觉得这样也不错,虽然周围有些臭臭的,不过他觉得很安逸,也很舒适,他拍着自己的大肚皮说:"我现在很满足,这正是我所期望的生活。"

水沟也觉得老二的话很有道理,他说:"你一定是你们兄弟中过得最好的。"

豌豆老二听到水沟的话,更加自豪,可惜他不知道,那颗最不起眼的豌豆小五,才是真正幸福快乐的豌豆。

和爸爸、妈妈一起分享

同一个豌豆荚中的豌豆命运尚且不同,更何况出身、成长背景完全不相同的人,所以我们每个人的人生也会不尽相同。

虽然人生不同,但是我们却可以努力做到最好,向其他人展示自己最好的一面,就像豌豆小五一样。

有的时候孩子会羡慕:"为什么有的小伙伴能够想要什么就有什么,我却不能?"

每当这时,我就会告诉他:"每个人的生活都是由精神生活和物质生活组成的。我们不能只追求单方面。物质生活的提升可以慢慢通过自己的努力劳动取得,而精神生活也同样重要,一个没有快乐只有金钱的人,也必定不会幸福。还有一点你要知道,充实富足的生活要靠自己去获取。"

哈尔滨市刘子铭妈妈　高文君

小朋友,关于这个故事你有什么话要说,写到下面吧!

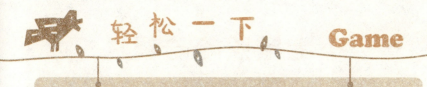

"兔"字捉迷藏

同学们,下面的草丛里只藏了一个"兔"字,你找到了吗?

小老鼠照哈哈镜

从前有一只小老鼠,他和妈妈一起生活在鼠族中,他们的生活安定、幸福。

小老鼠的妈妈很疼爱他,找到好吃的奶酪,总是一口都舍不得吃,而是留给他吃。

老鼠妈妈很爱孩子,但她也不得不承认,小老鼠有一个缺点,那就是他太自恋了。

小老鼠总是认为自己是鼠族里面最帅的美男子。他自言自语地说:"我简直是太帅了,每次看到自己的面容,我都不禁为自己倾倒。我真是希望每时每刻都能看到自己的样子。"

小老鼠每次出门前,总要花很长时间打扮,其中大半时间都是在照镜子,欣赏自己。

一天,小老鼠又磨蹭了好一会儿才出门,他来到一片草地上,一边欣赏风景,一边找吃的。走着走着,他发现了一个亮晶晶的大东西,走近一看,他开心得手舞足蹈。

原来他的面前矗立着一面大镜子,小老鼠一看到镜子可就挪不动步了。他往镜子前一站,又开始欣赏起自己来。

看着看着,他发现不对呀,镜子中的自己,为什么看起来这么高大呢?镜子中的老鼠,是一只比自己要高大好几倍的大老鼠。

小老鼠疑惑了一会儿,随即笑了起来,他心中有了"答案":"原来自己这么大啊,之前我真是太小瞧自己了!我本来就长得帅,现在又这么高大,真是不给其他老鼠留活路啊!"

小老鼠想着想着,顿时骄傲极了,哈哈大笑起来。

小老鼠在镜子前足足照了一天，才心满意足地回家去了。回到家，吃着妈妈准备的香喷喷的饭菜，小老鼠自言自语地说："我以前真是太低估自己了，原来我是这么强大呀！"

鼠妈妈听到小老鼠的话，以为他又犯了自恋的老毛病，于是劝他说："孩子，你太骄傲、太自恋了，这样可不好！"

小老鼠才不理会妈妈的话呢，他继续说："鼠族的那些小老鼠根本不值得一提，更别提和我相比了，我觉得只有最强大的狮子、老虎才配和我相提并论，我觉得我就是森林里最大的动物了！"

鼠妈妈严肃地对小老鼠说："大象才是森林里最大的动物，孩子，你并不是！"

可小老鼠对于

妈妈的话，依旧没有任何反应，他现在完全沉浸在幻想中，完全听不进去别人的劝告。鼠妈妈看到小老鼠那副不可一世的样子，气得直摇头，却又没有办法。

从那以后，小老鼠再也看不上鼠族里的其他老鼠了，每次见到他们，他都要讽刺他们一顿，其他老鼠很生气，于是都不再理他了，而小老鼠却认为这是其他老鼠都害怕他的缘故。

小老鼠更加骄傲了，根本不把其他小动物放在眼里，觉得他们不配和他玩耍，每次其他小动物邀请他去做游戏，他都用高傲的态度拒绝他们。久而久之，周围的小动物都不愿意和他玩儿了。

一天，小老鼠正趾高气扬地在河边散步，突然遇上了一头"怪兽"。那"怪兽"足足有一座山那么大，有两个大扇子一样的耳朵，还有四条像树根一样粗的腿。

如果在以前,小老鼠看到这个庞然大物,一定会赶快逃走,不过现在他可不害怕,因为他觉得自己也一样"高大"。

小老鼠跳到大石头上,指着"怪兽"的鼻子问:"你的鼻子这么长,难道你就是大象?"

大象低头找了半天,却没有看见任何东西,原来小老鼠实在太小了,大象离得远,根本看不清楚他。大象没有回答他,而是低下头喝起水来。

小老鼠生气极了,他跑到大象的耳朵边,冲着他的耳朵大声喊:"大象,你有什么了不起,我和你一样大,我想要打败你,真是轻而易举!"

这次大象总算是找到了小老鼠,他听到小老

鼠的话,觉得十分可笑,看着小老鼠不断挑衅的滑稽样子,他决定教训他一下。

大象用他的长鼻子吸了满满一鼻子水,朝小老鼠喷了过去。那些水,对于小老鼠来说就像是一条小河一样。小老鼠还来不及反抗,就被冲出很远,差点就被淹死了。

小老鼠呛了几口水,不住地咳嗽。力量上的巨大差距,终于让小老鼠意识到了自己是多么弱小。他明白:他是绝对打不过大象的。

当他再次看大象的时候,小老鼠的眼睛里面充满了恐惧,他再也不敢和大象叫嚣了,他哆哆嗦嗦地坐在一边,不敢逃跑,也不敢求饶。

大象没有继续教训小老鼠,他笑着问小老鼠:"你为什么觉得你和我一样大呢?难道你是在吹牛吗?"

小老鼠急忙摇了摇头,说:"不是的,大象先生,我是因为照了镜子,镜子里面我很庞大。"

大象觉得十分有意思,于是对小老鼠说:

"你带我去看看那面镜子吧。"

小老鼠听从大象的话,带着大象找到了当初的那面镜子,大象看到以后,哈哈大笑着说:"这是一面哈哈镜啊,你竟然相信哈哈镜照出来的样子,真是太可笑了。"

小老鼠听到大象的话,羞愧地低下了头。

和爸爸、妈妈一起分享

"小老鼠实在是太自不量力了,他怎么会认为自己能够和大象一样大呢?"钰勋说。

"那是因为他照了哈哈镜呀。"我回答说。

钰勋撇撇嘴,说:"如果我照了哈哈镜,我也不会认为我和姚明一样高!"

我笑着告诉他:"这些外貌上的差别对于人类是容易区分的,但是在很多人的心里,却有着更难以区分的'哈哈镜',那就是自满。"

"钰勋,你想一想,生活中有没有这样的事情。一次考试考好了,大家都夸你聪明,然后你就自满了,认为自己这么聪明,下次考试不复习也一定能考好。"我问他。

钰勋仔细想了想我说的话,认真地说:"爸爸,我不会被心里的'哈哈镜'迷惑的。"

唐山市郑钰勋爸爸　郑忠良

小朋友,关于这个故事你有什么话要说,写到下面吧!

_____
_____
_____
_____

轻松一下　Game

填成语

根据语言描述写出对应的成语。

1. 比喻因同类的灭亡而感到悲伤。（　　　）

2. 被弓箭吓怕了的鸟，比喻受过惊恐见到一点动静就特别害怕的人。（　　　）

3. 羊丢失了，才修理羊圈。比喻在受到损失之后想办法补救，免得以后再受损失。（　　　）

4. 比喻因为方法不对，虽然有心消灭祸患，结果反而使祸患扩大。（　　　）

5. 形容山峰、道路迂回曲折。有时也比喻经过挫折后出现转机。（　　　）

6. 舍弃近的寻找远的，形容做事走弯路或追求不切实际的东西。（　　　）

7. 比喻对不懂道理的人讲道理，对外行的人说内行话，现在也用来讥笑说话的人不看对象。（　　　）

8. 传说战国时宋国有一个农夫看见一只兔子撞在树桩上死了，他便放下手里的农具在那里

等待,希望再得到撞死的兔子。比喻不主动努力,而存侥幸心理,希望得到意外的收获。(　　　)

9. 战国时,廉颇和蔺相如同在赵国做官。蔺相如因功劳大,拜为上卿,位在廉颇之上。廉颇不服,想侮辱蔺相如。蔺相如为了国家利益,处处退让。后来廉颇知道了,感到很惭愧,就脱了上衣,背着荆条,向蔺相如请罪,请他责罚。(　　　)

10. 楚汉交战时,项羽的军队驻扎在垓下,兵少粮尽,被韩军和诸侯的军队层层包围起来,夜间听到汉军四面都唱楚歌,项羽吃惊地说:"汉军把楚地都占领了吗?为什么楚人这么多呢?"比喻四面受敌,处于孤立危险的困境。(　　　)

答案:1. 盲人摸象。2. 南辕北辙。3. 亡羊补牢。4. 抱薪救火。5. 峰回路转。6. 愚公移山。7. 对牛弹琴。8. 守株待兔。9. 负荆请罪。10. 四面楚歌。

狐狸分肉

在一片绿油油的草地上,住着大黄和小棕——两只活泼可爱的小狗。他们是一对非常要好的朋友,天天在一起玩耍,过着快乐的日子。

朋友之间也会有矛盾产生,这不,一直很要好的他们,今天突然争吵起来,究竟发生了什么事情呢?

一连几天阴雨绵绵,让大黄和小棕无法出去玩儿。今天天空终于放晴了,阳光明媚的天气让两个小伙伴高兴极了,他们决定要尽情地玩耍。

他俩跑跑跳跳,边走边玩,这时眼尖的大黄发现离他们不远的地方有一大块东西,究竟是什么呢?

大黄赶紧拉着小棕上前去看。哇!他俩不禁张大了嘴巴,口水都要流出来了,原来是一大块肉。

大黄拿起肉就要吃,小棕急忙说道:"大黄,好东西不能独享,也得分给我一半啊。"

"凭什么,是我先发现的,凭什么分给你一半,识相的就快走开!"大黄想独占,不客气地对小棕喊道。

"谁说是你先看到的,你看到的时候我也看到了,就得分给我一半。"小棕也不想到手的肉飞走,要为自己争取吃肉的权利。

就这样,他俩你一言、我一语地争吵了起来,他们吵得好厉害,眼看就要打起来了。

他们的争吵声被远处的一只狐狸听到了。

狐狸走了过来,仔细一听,原来是两只小狗在争一块肉吃。

狐狸计上心来,动起了歪脑筋。他现在可是饿得要命,对这肉也是垂涎欲滴。不过当然不能硬抢,这可不是他的作风,他要智取。

于是,他走了过去,假装好心地对大黄和小棕说:"两个好朋友要团结友爱,怎么能为一点儿小事就争吵不休呢?这样伤了和气多不好啊!究竟是怎么一回事?快跟我讲讲,看看我能不能帮助你们解决。"

狐狸装着一副一无所知的样子,于是大黄和小棕便把事情的经过讲给他听。

狐狸说:"如果你们都想独自霸占这块肉,我想事情永远也解决不了,不如你们各自让一步,把肉分着吃如何?"

大黄和小棕觉得狐狸说得有道理,便同意了狐狸的建议。"那谁来分呢?"大黄和小棕异口同声地问。

狐狸又假装沉思了一会儿,对他俩说:"如果你们信任我,我来帮你们分,怎么样?我保证公平、公正。"

大黄和小棕现在也找不到合适的人选,于是就答应让狐狸帮着分肉。

狐狸掩饰住内心的喜悦,开始"认真"地帮着大黄和小棕分肉。他分肉的方法很特别,不是用刀切,也不是用斧子砍,更不是用手撕,而是用牙咬。

第一次分出来的肉,不一样大,左边大、右边小。大黄和小棕看到后都生气了,谁也不愿意要小的那块儿。

于是，狐狸把左边那块肉咬了一大口吃了，结果现在左边的肉比右边的小了。

狐狸对大黄和小棕说道："别着急，马上就好，保证公平、公正。放心，放心。"说着，便张开嘴，把右边的一块肉咬掉了一大半。

就这样，肉一会儿大、一会儿小，在大黄和小棕的不满声中，狐狸左咬一口，右咬一口，渐渐地肉越来越小。

一会儿的工夫，狐狸感觉自己吃饱了，便把剩下的两块非常小的肉递到大黄和小棕的手中，对他们说："这下分好了，瞧，这回一样大

了吧？我分得多么公平、公正啊！这是举手之劳，千万不用谢我。"

说完，狐狸朝大黄和小棕挥挥手，腆着吃饱的肚子，高兴地哼着歌回家了。狐狸心想："我今天的运气可真好，不费吹灰之力，便填饱了肚子。"

狐狸走了，大黄和小棕望着拇指大小的肉块儿，后悔极了，这才知道上了狐狸的当。如果当初他们能心平气和、互相谦让地解决问题，也就不会让狐狸的奸计得逞了。

和爸爸、妈妈一起分享

我边读故事,边生气,我真为那两只小笨狗着急,唉,读个故事,惹我一肚子气。

老师都说过,好东西要大家分享,都怪那两只笨狗太贪心,都想独占一大块儿肉,吵个没完,太着急,太冲动了,才让那只可恶的坏狐狸得了手,最后可怜的大黄和小棕只分到了拇指大的肉。这应该要比他们预想的肉少得多啊。冲动是魔鬼啊!

每次看书或看电视,一看到坏人得逞,我都气愤不已。不过我想了想,妈妈教过我一句话叫"吃一堑长一智",如果能让那两只狗通过这件事情得到教训,也算是件好事。

齐齐哈尔市小学生　王雨航

小朋友,关于这个故事你有什么话要说,写到下面吧!

_____
_____
_____
_____

轻松一下 Game

补填古诗

同学们,下面是三首诗词,请你在括号中填上恰当的字,然后读一读。

夏日绝句

（ ）当作人杰,（ ）亦为鬼雄。
至今思（ ）（ ）,不肯过（ ）（ ）。

小池

泉眼无声惜细流,树阴照水爱晴柔。
（ ）（ ）才露尖尖角,早有（ ）（ ）立上头。

游子吟

慈母手中（ ）,游子身上（ ）。
临行密密（ ）,意恐迟迟（ ）。
谁言寸（ ）心,报得三（ ）（ ）!

狐狸和乌鸦

从前,在一片茂密的树林里,有一棵参天古树,在这棵树的树洞中住着一只狐狸。狐狸非常孤独寂寞,他想:"我要是有个能说说话、聊聊天的邻居就好了。"

狐狸如愿以偿了。不久,从远处飞来了一只乌鸦,正巧在狐狸住的这棵树上筑巢,狐狸和他做了邻居。乌鸦的到来,虽然给狐狸的生活增添了一点点生气,不过乌鸦的长相和叫声让狐狸不敢恭维,乌鸦长得像黑炭一样,声音又那么难听,为此狐狸没少冷嘲热讽这位乌鸦小姐。

一天，乌鸦像往常一样到外面觅食去了，过了很久才回来，不过她的收获可真不小，只见她嘴里叼着一块儿肉飞回来了，看她的表情就知道她今天的心情非常不错。

乌鸦小姐叼着肉，落在树枝上休息。这时狐狸从树洞里走出来，他在树洞里已经闷极了，本想在乌鸦身上找找乐子，结果发现她嘴里竟然叼着一大块儿肉，顿时口水直流。狐狸瞬间改变了主意，决定把对乌鸦小姐的嘲讽改为赞美，他一定要把乌鸦嘴里的肉骗过来。

于是，狐狸对乌鸦小姐有礼貌地说："哦，亲爱的乌鸦小姐，你可回来了，我真为你担心啊！你一定很辛苦吧。"

乌鸦连看都没看狐

狸一眼,狐狸也不生气,接着对乌鸦说:"你今天打扮得可真漂亮,你的羽毛光滑亮丽,孔雀都比不上你的万分之一,你才应该是名副其实的百鸟之王啊!"

乌鸦看了一眼狐狸,依旧没作声,乌鸦想:"这个狐狸平常对我冷嘲热讽的,今天怎么突然变得友好起来了呢?"不过此时的乌鸦依旧没有猜出狐狸的用意。

狐狸可不是个轻易认输的家伙。他又和乌鸦套起近乎来:"乌鸦小姐,你看,今天的天气可真好啊,天是这么的蓝,云是那样的白,在这样美好的日子里,我多么希望听您高歌一曲啊!要知道您的声音是那样的悦耳动听,百听不厌。唉,我承认以前的我很嫉妒你有一副好嗓子,所以说了很多言不由衷的话,现在想想,真是不应该啊。现在你能唱首歌给我听吗?"狐狸边说边装作一副后悔不已的样子。

树上的乌鸦听了狐狸的赞扬,心里美极了。

她想:"原来我这么美,歌声这么动听啊。"于是乌鸦高兴地张嘴唱起歌来,结果她刚一张嘴,肉就掉了下去,狐狸看见了,赶紧冲上前去,捡起那块儿肉就跑了。

狐狸边跑边对乌鸦说:"谢谢您送给我的肉,这一定是我对您赞美的奖赏吧。"

这时,乌鸦才知道上当了,她生气地大喊:"气死我了,还我的肉,你这个狡猾的狐狸,原来你说的那些都是假话,你就是想骗走这块肉,真卑鄙!"

狐狸对乌鸦说:"乌鸦小姐,'卑鄙'一词多难听啊,你若真的聪明,真的长得美丽无比,歌声真的动听,不用任何赞美,早就可以当百鸟之王了。"说完,狐狸越跑越远,他要躲到一个安全的地方,好好享受他的美味。

　　乌鸦听了狐狸的话非常生气,可又毫无办法,今天的午餐没有了,只好饿肚子了。乌鸦很后悔,如果自己不是爱听狐狸的甜言蜜语,怎么会上当受骗呢?

　　狐狸和乌鸦的故事讲完了,大家说一说,如果下次乌鸦再叼着一块儿肉,狐狸还能再次骗到手吗?狐狸会用什么办法?乌鸦又会如何应对呢?

和爸爸、妈妈一起分享

今天和睿睿一起读了《狐狸和乌鸦》这个故事。我和睿睿都有很多感触。

先来说说睿睿。读完故事后，睿睿总结道："良药苦口利于病，忠言逆耳利于行。"后来他又给我解释说，"苦口的药能让病赶快好起来，甜言蜜语不一定都是真话，而不好听的忠告会让我们进步。"

我觉得说得还不错哦。而作为妈妈的我，要教给孩子的则是要让孩子清醒地认识到自己的优缺点，如何不被花言巧语所蒙骗，如何保护好自己。这是这篇故事给我的警示。

其他家长朋友，你们有什么感受呢？

齐齐哈尔市燕翔睿妈妈　李云霞

小朋友，关于这个故事你有什么话要说，写到下面吧！

轻松一下 Game

柠檬的味道

风信子的味道飘散又聚起,然后又飘散……是一种淡淡的、需要静心才能够闻到的气味。

又是春天了。指尖探向天空,感觉有草叶飞扬,那时候,手好小,我也好小,天空好大……

忆起很久以前的一样东西,如风信子的气息,很淡,却记得。

那年,天稍稍暖和起来,不知是谁栽下一棵柠檬树——在老家的村子里。我好奇得很,因为当时尚不曾见过柠檬,更没有吃过。

所以,自栽下柠檬树后,我就开始了漫长的等待,盼望有一天柠檬能够成熟,能够让我尝尝那想象中的神奇滋味。

那时候,为了看柠檬树,上下学的时候,我会刻意绕道,走一条比较远的、泥泞的路。每天看见朝阳或余晖照在柠檬树上,就算没有变化,我也很开心,仿佛心坎上也镶了一层金边似的。

一天一天地等,终于等到开花、结果,我

终于也充满期待地摘下吃了一个……唔，当时，差点一下子哭了出来。真酸！真苦！

后来，村里翻修房子，柠檬树被砍掉。那苦苦涩涩的柠檬味连同懵懵懂懂的童年，不知不觉就消失无踪了……

几个月前，在街口的小卖部看到一种柠檬草味的口香糖。柠檬草和柠檬是一样的吗？很让我失望，味道很苦，很干……于是想起老家村子里的柠檬树，居然觉得那棵柠檬树是那样的摇曳生姿，那柠檬果是那样的酸酸甜甜。怎么没有留下关于它们的任何纪念呢，哪怕一张照片。好后悔啊！

清新的柠檬，有它的本色，只是当时年少，反倒怪它欺骗了我。如今因为逝去，因为怀念，因为我的成长，儿时的柠檬已在我的心中变得无比清新，无比甘甜……

少年作家　王安忆佳

刻舟求剑

刻舟求剑是一则寓言故事演化而来的成语,用来比喻那些拘泥小节、不知变通、死守教条的人。下面我们就来具体讲一讲"刻舟求剑"的故事。

楚国有一个人,他决定带着他的宝剑出门坐船远行。

这一天,天气不错,风和日丽,这个楚国人坐船过江。当船行至江心的时候,楚国人俯身伸手去拨弄江水,谁知,他一不小心,把随身佩戴的宝剑掉进江里了。

船上的人纷纷对楚国人大喊道:"宝剑掉下去了,快点去捞剑。一会儿就找不到了,快捞上来。"

楚国人却一点儿也不着急,只见他从衣袋里不紧不慢地取出一把小刀,在船舷上掉下宝剑的地方刻了一个记号。

他自言自语地嘱咐自己说:"千万可别忘了,这是宝剑掉下去的地方。"同船的人对楚国人的做法都感到莫名其妙。

于是,船上的人问他:"先生,你的宝剑掉到江里去了,为何不赶快下水去捞,而在这儿刻记号呢?这样做有什么用啊?"

楚国人满不在乎地说:"着什么急,没看我都刻记号了吗?看到没,我的宝剑是从这个地

方掉下去的,等船靠岸了,我就从这个刻记号的地方跳下水去找,一定能找到的。"楚国人边说边指着记号给大家看。

同船的人听了他的解释都笑了。有的好心人本打算继续劝说楚国人下水找剑,但看到楚国人冷淡的态度后,也就不再说什么了。

船继续向前行驶着,过了一会儿,船到了目的地,靠了码头。楚国人便从船上刻记号的地方跳下水去捞宝剑,同船的人感到很好奇,都想看看这个楚国人是怎样捞宝剑的,于是纷纷站在岸边看热闹。

只见这个楚国人在水里摸了好长时间也没有找到自己的宝剑,他很纳闷,也很沮丧。站在岸边的人们看到他这样寻找宝剑都觉得很可笑。

楚国人继续寻找他

的宝剑,这时走过来一个人对他说:"你不要白费力气了,你是找不到宝剑的。你的宝剑掉到江里以后,我们的船仍然在前行,宝剑沉到水底下,是不会跟着船一起走的。事实上,现在船离开丢剑的地方已经很远了,你再按照船舷上刻记号的地方去找它,怎么能够找得到呢?"

楚国人听了这番话,恍然大悟。他耷拉着脑袋,感叹道:"哎,我可真傻,真笨,我再也找不到我的宝剑了。"

大家想一想,这个楚国人用"刻舟"的办法去"求剑",岂不是很糊涂,虽然他主观很努力,但是他却忽略了客观变化,用静止的眼光去看待事物,当然会失败了。

和爸爸、妈妈一起分享

《刻舟求剑》中的这个楚国人虽然失败了,但他还是主观努力过,只不过他看问题的眼光是静止的,并且最后他也知道错了。

这让我想起了另一个《守株待兔》的故事。这个故事中那个农民侥幸地得到一只撞死在树根上的兔子,于是他每天都坐在树根下等待白白送上门的兔子,不再种地。渐渐土地荒芜了,而他也没有再等来一只兔子。

我告诉儿子,这个农民和那个楚国人一样,不知变通,死脑筋。而且这个农民还存在侥幸心理,主观上不努力,光想着不劳而获,他和那个楚国人一样都注定会失败。

青岛市邹志豪爸爸　邹世山

小朋友,关于这个故事你有什么话要说,写到下面吧!

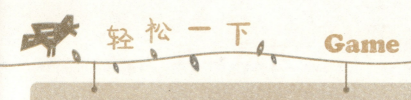

猜人名

同学们，对于《三国演义》你们一定都熟悉吧，请你根据下面的文字，写出有关的人物

| 桃园三结义 | 既生瑜，何生亮 |

| 望梅止渴 | 身在曹营心在汉 |

| 羽扇纶巾 | 三顾茅庐 |

答案：刘备、张飞、关羽；周瑜、诸葛亮；曹操；关羽；周瑜、诸葛亮、刘备。

井底之蛙

从前,有一只小青蛙住在一口废弃的井底,他每天生活得快活极了。他对自己的现状感到很满意,一有机会他就要吹嘘一番。

其实这只小青蛙只知道井底这一块儿小小的地方,也只看见井口上那一块儿小小的天空,他根本不知道井外的世界有多大,在他眼里世界就是井口这么大。

一天,小青蛙饱餐一顿后,正觉得无聊,突然迎来了一位从远方来的新朋友——一只大海龟。大海龟来到小青蛙居住的井边,小青蛙

热情地与他攀谈起来。

小青蛙自豪地对大海龟说:"嘿,远方来的朋友,你瞧,我这里有多好呀!自由自在、无拘无束。我可以在井底自由跳跃,也可以悠闲地坐在井里休息,看看天上变化多端的云彩,快乐飞翔的小鸟,还可以晒晒日光浴,在水泡里游泳,在泥浆里散步。哇,这是多么惬意的生活,我诚挚地邀请你来我家做客,你可以好好欣赏一番!快下来看看吧,你大概都没居住过这样宽敞的住所吧!"

大海龟听了小青蛙的话,他心动了,真的很想进去看看。但是大海龟的左脚还没有整个伸进去,右脚就被绊住了,差点儿没摔倒。大海龟心想:"这个地方也太挤了。"他把头往井边低了低,想看看井里到底是什么样子,可他却闻到了一股发霉发臭的味道,大海龟连忙捂着鼻子后退了几步。

他对小青蛙说:"亲爱的青蛙兄弟,你见过大海吗?我的家就在那里。"

"大海?"小青蛙摇摇头,他还是第一次听到这个词呢!

大海龟继续说:"大海广阔无边,一眼看不到尽头,一脚迈进去游不到海底。海中有好多活泼好动的小鱼在游玩;还有美丽的珊瑚,发出五颜六色的光。在大海里生活,那真是快乐极了!"

小青蛙听了大海龟的话,他无言反驳,不过他心里依旧不服气。他想:"如果有那么好的地方,我真想去看一看。"

这时,大海龟对小青蛙说:"青蛙兄弟,如果你想去看看大海,我可以带你去。"小青蛙听了,高兴地点点头。

大海龟带着小青蛙来到了广阔无垠的大海边。哇,这里真的像大海龟说的那样。

小青蛙惊讶不已,这时他才知道自己的眼光是多么的短小,视野是多么的狭隘,自己的生活是多么的单调乏味啊,自己的井底如何比得上这浩瀚的大海呢?想到这里,青蛙觉得惭愧极了。

和爸爸、妈妈一起分享

读了这个小故事,婷婷对我说:"爸爸,小青蛙应该没有好好读书,他一定是读书少,见识才会少,所以才会把陋室说成总统套房。"

听了他的话,我不禁大笑,"陋室"、"总统套房",这孩子可真会形容。

我问她:"你认为怎样才能更好地积累知识,增长见识呢?"

她想了想,对我说:"多读书、读好书,看电视、旅游、参观博物馆等。爸爸,我说得对不对?"

我夸赞她说:"当然,说得很正确。"

"那爸爸这周天你可得带我去参观动物园啊,我好了解一下动物的生活习性,积累知识啊。"她又继续说道。

看来我中计了。

大连市张诗婷爸爸　张树春

小朋友,关于这个故事你有什么话要说,写到下面吧!

_____
_____
_____
_____

轻松一下 Game

海涅的故事

海因里希·海涅是德国著名诗人,他出生于德国莱茵河畔杜塞尔多夫一个落破的犹太商人家庭。

父亲为了让海涅学习经商之道,于是将海涅送到了汉堡的伯父家。

伯父是一个地地道道的商人,拥有上百万家产。伯父一心想将海涅培养成一个优秀的接班人,然而,海涅却喜欢诗词,整天沉溺在书本中。

一次,伯父带海涅参加他朋友的一个宴会,参加的人很多,都是很有名气、很有威望的成功商人。伯父喝了点儿酒,忍不住又教训起海涅来。

海涅觉得没面子,于是他对众人说:"胎教是很重要的,我母亲怀孕时阅读高雅的文艺作品,所以我便要成为诗人;而我伯父的母亲怀他时阅读强盗小说,所以我的伯父便成了银行家。"

因为这句话,海涅被他的伯父赶了出去。

小羊过桥

从前,羊村里住着两只小山羊,浑身雪白的叫小白,浑身黑亮的叫小黑。

村里有条小河,河上架起了一座十分狭窄的小桥,这座小桥连接着河东河西两岸,它是村里的交通要道。

我们今天故事的主人公之一小白羊住在河东,而另一位主人公小黑羊住在河西。

一天,晴空万里,春光明媚。"天气可真好啊,我好想外婆,外婆一定又给我准备了很多鲜嫩的青草,等着我去吃呢!"小白羊走出家门,伸了个懒腰说。

而这时,河西的小黑羊也打开窗子,探出头去,也不禁感叹道:"哇,这么好的天气,最适合去看奶奶了,奶奶一定准备了很多嫩绿的青草等着我去品尝呢。"

于是,小白羊和小黑羊不约而同地出门了。小白羊要去河西看望外婆,小黑羊要去河东看望奶奶。就这样他们在这座狭窄的小桥上相遇了。

小白羊着急过小桥,去吃鲜嫩的青草,小黑羊也是。于是小白羊对小黑羊说:"我有急事,让我先走,你赶快退回去,我好过桥!"

小黑羊听了

小白羊的话,非常生气地说:"凭什么让我退回去,我也有急事,要退也是你先退回去!"

小白羊心中满是怒火,他对小黑羊大喊:"是我先上的桥,你就得退回去!"

小黑羊在气势上也不输给小白羊,只见他冲着小白羊喊道:"是我先上桥的!你才应该退回去呢!"

小白羊继续对小黑羊说:"我真有急事,我要去河西看我的外婆。你有什么重要的事情?"

"你要去看你的外婆,我也要去河东看我的奶奶!我的事情也很重要。"小黑羊也不甘示弱地说。

他们俩互不相让,越说越生气,最后竟然打起架来,只见他们用角互相顶了起来。你顶我一下,我顶你一下,一会儿小白羊把小黑羊顶了回去,一会儿小黑羊又把小白羊顶了回来。不知打了多少个回合,他们非要拼个你死我活不可。由于桥比较窄,他俩一不小心都掉到河里去了。

这时，恰巧山羊爷爷经过这里，看见小白羊和小黑羊落水，急忙把他们救了上来。

两只小山羊讲述了他们落水的原因。山羊爷爷听后，对他们语重心长地说："这本来是件小事，而且很容易解决，只要你们互相谦让，就能很快地过桥。瞧瞧你们现在，这就是互不相让的结果：两败俱伤，谁都过不了桥。"小白羊和小黑羊听后，都不好意思地低下了头。

和爸爸、妈妈一起分享

读完《小羊过桥》这个故事,我对儿子说:"小白羊和小黑羊为什么纷纷落水,谁都没有过桥呢?"

儿子说:"妈妈,这个问题可难不倒我,因为小白羊和小黑羊太自私,不懂得谦让,打架了呗。"

"嗯,回答得不错。如果你是小白羊或是小黑羊,你会怎么做呢?"我又接着问道。

"妈妈,你听说过'退一步海阔天空'吗?"儿子突然反问起我来。

"当然,那宝贝你想说什么呢?"我继续问道。

"我要是小白羊或是小黑羊,我会退让一步,让别人先过去,然后我再过去,这样大家都能很快过桥的。"

我向儿子竖起了大拇指。孩子长大了,懂事了。

深圳市周天妈妈　曹秀英

小朋友,关于这个故事你有什么话要说,写到下面吧!

_____
_____
_____
_____

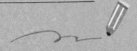

填成语

将下面的字重新组合，使它们成为新的六组成语。

1. 反天居足神外空大同情马恩主安强干危行通客广手中为

天_____ 居_____ 情_____
神_____ 外_____ 反_____

2. 双虎和风窗见活积丽寒十成翼生视飞年日龙而少比多不

风_____ 十_____ 积_____
比_____ 生_____ 视_____

答案：1. 天马行空 居安思危 情同手足 神通广大 外强中干 反客为主
2. 风和日丽 十年寒窗 积少成多 比翼双飞 生龙活虎 视而不见

小壁虎借尾巴

在广阔繁茂的大森林里，住着小壁虎一家。小壁虎很勤奋刻苦，他每天都和爸爸、妈妈学习捉虫的本领。

一天，小壁虎正在墙角专心致志地捉蚊子，一条青蛇慢慢地接近他，趁小壁虎不注意，青蛇张开大嘴一下咬住了他的尾巴。

小壁虎吓了一大跳，他想："糟糕，遇到难缠的蛇了，我要赶快逃跑，千万不要被他吃掉。"于是小壁虎使出浑身力气，使劲一挣，终于他成功地逃走了，可是尾巴却挣断了。

小壁虎很庆幸自己没有被蛇吃掉,但是想到自己没有了尾巴,多难看呀,不禁伤心难过起来。

小壁虎觉得伤心不如行动,于是他决定去借一条尾巴。

他爬呀、爬呀,来到了小河边,看见清澈的小河里有几条小鱼正自由自在地游来游去。

小壁虎对其中的一条小鱼说:"小鱼姐姐,我的尾巴断了,您能把尾巴借给我吗?"

小鱼说:"小壁虎,不行啊,我得用尾巴拨水啊,没有了尾巴,我就不能在水里游了!"

小壁虎听了,很沮丧,他告别了小鱼,继续往前爬。他爬呀爬,看见不远处,有一头老牛在吃草。

小壁虎高兴地爬过去,对老牛说:"牛

伯伯,您把尾巴借给我,行吗?"

老牛急忙摇摇头,说:"不行啊,小壁虎,我得用尾巴赶苍蝇,要不我会浑身发痒的!"

就这样小壁虎又告别了老牛,继续向前爬。一只燕子从他身边飞过,他大声喊道:"燕子阿姨,请等等。"

燕子对小壁虎说:"小壁虎,你有什么事情吗?"

"燕子阿姨,我的尾巴断了,您能把尾巴借给我用一用吗?"

"孩子,别伤心,我也想把尾巴借给你,可是我没有了尾巴,就没办法在空中飞行了,就没办法给我的孩子找食物了。"

小壁虎只好继续往前爬,他又遇到了一只花猫,他向花猫借尾巴,花猫也没有借给他,因为花猫要用尾巴保持平衡。

小壁虎只好离开了,他有些累了,想在一棵大树下休息休息,这时他看见松鼠妈妈正领着自己的孩子们在树上玩耍,小松鼠们上蹿下跳,玩儿得开心极了。

小壁虎赶紧上前,对松鼠说:"松鼠妈妈,我的尾巴断了,您能把尾巴借给我用一用吗?"

"哦,亲爱的小壁虎,不行啊,我们如果没有尾巴,就不能够保持平衡,也不能够上下跳跃了,尾巴对我们很重要。"松鼠妈妈抱歉地说。

小壁虎没有借到尾巴,只好耷拉着脑袋回家了。

壁虎妈妈看见小壁虎垂头丧气的样子,便问他:"孩子,怎么了?为什么愁眉苦脸的啊?"

"哎,妈妈,我今天别提多倒霉了。捉蚊子时,一条蛇袭击了我,我使劲挣脱才逃了出来,结果尾巴挣断了。我去向小鱼姐姐、牛伯伯、燕子阿姨、小花猫和松鼠妈妈借尾巴,可是他们都不肯把尾巴借给我。"小壁虎唉声叹气地对妈妈讲述了今天发生的事情。

妈妈听了,笑着对小壁虎说:"别人的尾巴

都有自己的用处,比如说花猫和松鼠的尾巴,能够保温,并在跳跃时起到平衡的作用;小鱼的尾巴可以起到定向和推进作用;而你的尾巴不是也帮你在危难时刻摆脱了危险吗?"

小壁虎点点头,说:"妈妈,我懂了。原来尾巴有这么大的作用呢!可是我的尾巴断了,怎么办呢?"

"傻孩子,你看看,你的尾巴又长出来了。"壁虎妈妈笑着说。

小壁虎转身一看,尾巴真的长出来了,他高兴地说:"哇,太好了,我长出新的尾巴啦!"

"孩子,我们的尾巴关键时刻可以保护我们不受敌人的伤害,如果敌人抓住了我们的尾巴,我们就

可以用力挣断尾巴逃走,而我们还会长出一条新尾巴。"壁虎妈妈对小壁虎解释说。

"我们的尾巴真是太神奇了,我好喜欢我的尾巴。如果谁来管我借尾巴,我一定借给他,呵呵。"小壁虎兴奋地说。

壁虎妈妈看见小壁虎开心的样子,也情不自禁地笑了。

和爸爸、妈妈一起分享

读故事长知识,不仅能让孩子在故事中学会为人处世的道理,还能了解很多科普知识呢。

读完《小壁虎借尾巴》这个故事后,丹丹问我:"妈妈,原来动物的尾巴都有各自的用处啊。这么多动物中,我觉得小壁虎的尾巴最神奇,不过,妈妈你知道小壁虎的尾巴断了,为什么还能长出新尾巴吗?"

"宝贝,这个问题问得好。因为小壁虎身体里有一种激素,这种激素能再生尾巴,当小壁虎尾巴断了的时候,身体里就会自动分泌这种激素,直到尾巴长出来才停止分泌。"我对女儿解释说。

"原来是这样啊,世界之大,无奇不有啊!"女儿感叹道。

上海市黎雅丹妈妈　李艳东

小朋友,关于这个故事你有什么话要说,写到下面吧!

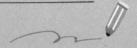

成语游戏

在下面的空格里面填上恰当的字,看看这些字可以重新组成什么成语。

	粟	尺	布
	同	道	合
	首	阔	步
	眉	吐	气

	肠	寸	断
	战	心	惊
	辅	相	成
	本	宣	科

	谲	波	诡
	泊	明	志
	餐	露	宿
	举	妄	动

	过	其	实
	眉	吐	气
	面	八	方
	阔	天	空

小猫钓鱼

早上的空气格外清新,美好的一天开始啦。瞧,猫妈妈和猫儿子,拎着小桶,拿着钓竿出发啦,他们要去哪里呢?

原来树林旁边有条小河,河里有很多鱼,猫妈妈领着猫儿子要去河边钓鱼。

猫妈妈边走边嘱咐猫儿子说:"我们钓鱼一定要专心致志地钓,这样才能够钓到大鱼。"

猫儿子欣赏着沿路的风景,左看看,右瞧瞧,猫妈妈的嘱咐他根本没听进去。

到了河边,猫妈妈坐下,开始安静地钓鱼,

猫儿子也有模有样地学着妈妈的样子,坐下认真地钓鱼。

可是,猫儿子刚坐下没多久,一只蜻蜓飞了过来,猫儿子心想:"这只蜻蜓飞来飞去的,跟小飞机似的,可比钓鱼有意思多了。"于是贪玩的猫儿子放下钓竿,便去追蜻蜓了。

结果蜻蜓飞走了,猫儿子什么也没捉到,空着手就回来了。

这时,他一看猫妈妈已经钓到了一条大鱼。猫儿子心想:"妈妈真厉害,竟然钓到了一条大鱼,我也要钓一条大鱼。"于是他又安心坐下钓鱼了。

可是猫儿子刚坐下,一只蝴蝶又飞来了。哇,蝴蝶可真美丽!猫儿子又放下钓竿,去捉蝴蝶了。

追呀、追呀,结果蝴蝶飞走了,小猫又什么也没捉到。而此时的猫妈妈又钓上来一条大鱼。

猫儿子见妈妈的水桶里已经有了两条大鱼,而自己却一条也没钓上来,很懊恼地说:"钓鱼好难啊,我怎么连一条鱼也没钓上来呢?"

猫妈妈摇摇头,对猫儿子说:"钓鱼不能三心二意,你一会儿去捉蜻蜓,一会儿又去捉蝴蝶,这样怎么能钓到鱼呢?"

猫儿子听了妈妈的话很惭愧,他决心一定要认真钓鱼,决不三心二意了。

于是,猫儿子坐下开始钓鱼了。不一会儿,蜻蜓飞来了,他没有抬头看;过了一会儿,蝴蝶又飞来了,猫儿子也没有抬头看。他一心一意地钓鱼。

又过了一会儿,猫儿子的钓竿抖动了一下,鱼线往下沉去,猫儿子激动地大喊:"妈妈,妈妈,你快来看,钓竿动了。"

猫儿子边喊边把钓竿往上一甩,好大的一条鱼,猫儿子高兴极了,他终于钓上来一条大鱼。

猫妈妈笑着对儿子说:"好孩子,专心做事一定能把事情做好,你做得真不错。"

天黑了,猫儿子和猫妈妈钓上来好多鱼,他们高高兴兴地回家了。

和爸爸、妈妈一起分享

　　我觉得这个故事应该让我的孩子好好阅读一下,他做事情总是三心二意、马马虎虎的。

　　最近他们班主任老师和我反映聪聪在上课时,不注意听讲,爱溜号,老师讲的知识他似懂非懂;而在家做作业时,也是边做作业边看电视,十道题能错一半;吃饭也不好好吃,边看画报边吃饭,儿子就和这只小猫先前的表现一样。这些真令我这个做父亲的很头疼,我想其他家长也和我有一样的困扰吧。

　　做事情一定要专心,要有恒心、有耐心,这些要从小培养。我们这些做家长的一定要给孩子做出好的榜样,在日常生活中也要多督促,多劝导,让孩子学会专心致志地做事情。

青岛市吕聪爸爸　吕文才

小朋友,关于这个故事你有什么话要说,写到下面吧!

_____
_____
_____
_____

轻松一下 **Game**

巧填成语

用身体的各部分名称填成语。

（　）不在焉　　　五（　）投地

白（　）偕老　　　（　）羞成怒

鼠（　）寸光　　　羊（　）小道

千钧一（　）　　　屈（　）可数

有（　）无珠　　　（　）熟能详

（　）智多谋　　　九牛一（　）

（　）（　）相连　　（　）舞（　）蹈

提（　）吊（　）　　（　）红（　）赤

同学们自己试着举一些这样的例子吧。

_____

_____

_____

青蛙搬家

青蛙和大雁兄妹是非常要好的邻居,他们生活在一个美丽的湖边,这里有蓝天白云,有鲜花绿草,湖里还有很多小鱼、小虾,环境真是好极了。青蛙和大雁兄妹每天一起在湖边玩耍,一起在水中嬉戏,相亲相爱地生活着。

不过好景不长,他们居住的地方很长时间都没下雨了,越来越干旱,湖里的水慢慢干枯了,大雁兄妹渐渐不习惯、不喜欢这样的生活环境了,于是他们决定搬家。

大雁兄妹临走前,来向青蛙告别。青蛙想:

"大雁兄妹都走了,我可怎么办呢?"青蛙不想和他们分开,而大雁兄妹对青蛙也是依依不舍。

于是,大雁兄妹劝青蛙和他们一起搬家。青蛙动心了,可是他不会飞,大雁兄妹也发愁了,他们想:"怎么才能带着青蛙一起走呢?"

大家都静静地思考了起来,青蛙不自觉地看了看天空,又看了看大雁,露出了笑容,他高兴地张开嘴巴大声说:"太好了,我有主意了!"

"什么主意?"大雁兄妹迫不及待地问。

"一个能让我飞上天空的主意。"青蛙兴奋地说。

青蛙急忙从树林中找来一根小木棍儿,他让大雁哥哥咬住木棍的这一头,让大雁妹妹咬住木棍的另一头,而他自己咬住木棍的中间。

就这样大雁带着青蛙飞上了天,他们决定找一个环境好的地方,继续做邻居。

从高空俯视地面的感觉太美妙了。青蛙无比开心,他觉得自己一定是这个世界上第一只

飞上天的青蛙,自己真是棒极了。

青蛙和大雁兄妹飞呀、飞呀,他们飞过一个村子,村子里的人们看见了,都很惊讶地说:"快看,青蛙飞上了天。哇,大雁可真聪明啊。"

青蛙听后,心想:"主意可是我出的,怎么能夸大雁聪明呢?"

他们又继续飞,当他们飞过第二个村子时,村里的人看到了,不禁大叫着说:"快来看!大雁带着青蛙飞呢!大雁可真聪明。"

青蛙听后更生气了,他心里想:"这个主意明明是我想出来的,是我聪明才对,怎么让大雁兄妹抢了我的风头。"

大雁兄妹飞到哪儿,人们总会夸赞他们聪明。他们飞过第三个村子,那里的人们又在喊:

"大雁真了不起,大雁真聪明!瞧,大雁竟然带着青蛙一起飞!"

青蛙生气极了,于是他忍不住张嘴大声说:"这个办法是我想出来的。"

可是他刚把嘴巴张开,便从天上掉了下来,摔死了。青蛙丢掉了性命,他再也没有机会飞上天了,再也不能和大雁兄妹做邻居了。

和爸爸、妈妈一起分享

看完这个故事,我问博宇:"读了这个故事你有哪些感受?"

"青蛙挺聪明的,但是他太骄傲了,总想炫耀自己,也不够审时度势,所以张嘴掉下去了。"儿子回答说。

"嗯,不错。现在请博宇同学给妈妈解释一下'审时度势'是什么意思吧。"我问道。

"青蛙的嘴正咬着木棍,当时的情况是不允许青蛙张嘴说话的,一说话就会掉下去摔死呀,青蛙太冲动了。"博宇解释道。

"冲动是魔鬼啊。"我叹息着说。

"哇,妈妈这个词用得好,我得记在本子上。"

真是个可爱的孩子。

济南市林博宇妈妈　王晨

小朋友,关于这个故事你有什么话要说,写到下面吧!

_____
_____
_____
_____